中国流动人口的城市融入
与社区参与研究

陈亚辉　著

东 北 师 范 大 学 出 版 社
·长　春·

图书在版编目（CIP）数据

中国流动人口的城市融入与社区参与研究/陈亚辉
著．—长春：东北师范大学出版社，2020.12
ISBN 978-7-5681-7565-4

I.①中… II.①陈… III.①流动人口－城市化－研
究－中国 IV.①C924.24

中国版本图书馆 CIP 数据核字（2020）第 262562 号

□责任编辑：初亚男 □封面设计：优盛文化
□责任校对：高 歌 □责任印制：许 冰

东北师范大学出版社出版发行
长春净月经济开发区金宝街 118 号（邮政编码：130117）
编辑电话：0431—84568095
传真：0431—85695744 85602589
网址：http://www.nenup.com
电子函件：sdcbs@mail.jl.cn
东北师范大学音像出版社制版
定州启航印刷有限公司印装
河北省定州市西城区大奇工业园
2021 年 1 月第 1 版 2021 年 1 月第 1 次印刷
幅面尺寸：170 mm×240 mm 印张：11.25 字数：218 千

定价：49.00 元

本书为：

2018 年度教育部人文社会科学研究青年基金项目：珠三角农民工参与社区治理的形成机理与制度设计研究（批准号：18YJCZH015）。

广东省哲学社会科学"十三五"规划 2016 年度学科共建项目：基于扎根理论的农民工参与社区治理途径研究（批准号：GD16XZZ01）。

电子科技大学中山学院工商管理学科平台建设经费（批准号：26-5311230208）。

电子科技大学中山学院地方政府治理创新研究团队培育项目（批准号：420YTS02）。

前　言

　　改革开放以后，我国的经济得到了飞快的发展，工业化和城镇化的速度加快让城市成了广大流动人口的聚集地。流动人口是我国人口的重要组成部分，大部分为从农村流向城市的人口。我国的流动人口规模非常大，截至 2019 年底，我国流动人口数量达到了 2.36 亿。大规模的人口流动给农村与城市的发展带来了剧烈的变化，既让流出地的收入得到增加，又使流入地的经济得到发展，使城乡居民的生活水平大幅度提升。

　　虽然我国对有大规模流动人口涌入的城市给予了一定的扶持，但由于存在城乡结构二元化、社会发展不均衡等情况，流动人口在城市中面临就业、保险、教育等方面的困难，这使他们难以同城市真正融合，处于不被城市接纳的边缘困境。

　　为了促进我国流动人口在城市中得到就业、保险、教育等方面的保障，让流动人口能够获得与城市当地人口同等的公共服务，使他们真正融入城市社会中，笔者在查阅了诸多资料的基础上，结合自己在该领域积累的经验，创作了本书。本书重点对我国流动人口融入城市社会的影响因素进行分析，探讨了流动人口在就业、保险、教育、社会治理等方面面临的困难，并提出了相关解决方案。本书内容条理清晰，结构合理，可以作为研究我国流动人口城市融合问题的参考资料。

　　本书在研究流动人口城市融入发展的问题时，首先探索了流动人口的分布、特征，并结合流动人口在社会融合方面的现状分析存在的影响因素；然后从就业融入、社会保障、儿童教育、社区治理等方面展开探究，分析导致流动人口在就业、社会保障、教育等领域难以获得平等机会的原因；最后给出合理的解决方案。

　　在本书的创作过程中，笔者参详了前人的成果和资料，在此表示深深的感谢。由于笔者自身水平有限，同时时间紧迫，本书难免存在不足之处，还请广大专家与读者给予批评和指正。

陈亚辉

2020 年 4 月

目　　录

第一章　流动人口相关概述

流动人口是指离开原户籍地到异地居住、工作、生活的成年人。通常流动人口是从农村向城市流动，从经济不发达地区向经济发达地区流动。我国地域辽阔，区域经济发展差异较大，因此流动人口规模较大，而且有着明显的分布特性。本章对我国流动人口的具体分布进行了论述，同时分析了流动人口的相关特征。

第一节　中国流动人口的规模

在 20 世纪 60 年代到 70 年代，严格的人口管理控制使得全国流动人口规模十分有限；在 20 世纪 80 年代初期，流动人口总量依旧保持在较低水平。但是在 20 世纪 80 年代中期以后，流动人口的数量持续增长，总量不断扩大，存量十分庞大，流动人口逐渐成为中国社会新的特殊群体。他们见证了中国工业化、城镇化和现代化的历史进程，是城镇化的重要参与者和推动力量，是影响中国经济社会发展的关键因素之一。

1982 年以来，历次全国人口普查及全国 1‰ 人口抽样调查数据中的流动人口总量如图 1-1 所示。1982 年第三次全国人口普查数据表明，全国一年以上流动人口数量为 657 万；1990 年，一年以上流动人口数量升至 2135 万，比 1982 年约增长 2.2 倍；2000 年，全国共有超过 1 亿的流动人口；2010 年，第六次全国人口普查数据表明，中国流动人口规模已经达到 2.21 亿；2013 年全国流动人口数量升至 2.45 亿，占总人口数量的 18.1%，几乎每五人中就有一人是流动人口；2014 年，中国流动人口数量进一步升至 2.53 亿，占总人口数量的 18.5%；2015 年开始，流动人口数量稍有回落，为 2.47 亿，占总人口数量的 18%；2016 年，流动人口数量下降至 2.45 亿。随着国家的稳固发展，特别是农村经济的回暖，流动人口数量持续下降，如 2017 年流动人口数量下降到 2.44 亿，2018 年流动人口数量下降到 2.41 亿，2019 年下降到 2.36 亿。虽然我国流动人口数量在持续下降，但由于基数庞大，现阶段没有发生本质变化。

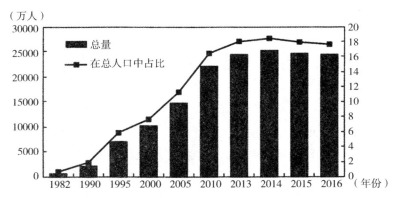

图 1-1 1982～2016 年流动人口数量及其在总人口数量中占比

资料来源：历年全国人口普查和全国 1％人口抽样调查及国家统计局

除全国人口普查和全国 1％人口抽样调查之外，还有一些数据较为权威，经常作为统计流动人口数量的数据基础。

一是公安部每年统计的暂住人口数量。暂住人口数量从 2002 年的 5981 万直线上升为 2010 年的 13137 万，且在 2012 年增至 16752 万，增速迅猛（如图 1-2 所示）。

二是人力资源和社会保障部统计的外出农民工数量，从 2008 年的 14041 万，到 2010 年的 15335 万，再到 2015 年的 16884 万，七年间增长了 2843 万。到了 2017 年，外出农民工数量增长为 17185 万，2018 年外出农民工数量为 17266 万人，2019 年外出农民工数量为 17425 万，增幅趋于稳定。

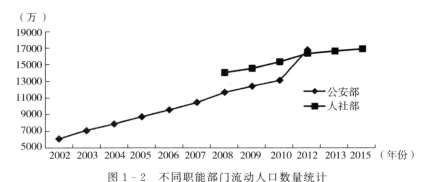

图 1-2 不同职能部门流动人口数量统计

注：国家统计局统计的是"住本乡、镇、街道，户口在外乡、镇、街道，离开户口登记地半年以上"的人口；公安部统计的是"离开常住户口所在地的市、县到其他市（不含市辖区）、乡、镇居住 3 日以上"的人口；人力资源和社会保障部统计的是"外出农民工"数量。

综观不同来源的数据发现，虽然流动人口的概念与统计口径存在较大差异，但历次全国人口普查与全国 1％人口抽样调查数据是有关部门把握流动人口的数量与规模的重要参考依据。当然，由于调查操作阶段存在漏报与误报等情况，2000 年前流动人口的实际数量可能比普查与抽样调查得到的数量更多一些；而 2005 年全国 1‰人口抽样调查和 2010 年的全国人口普查数据可能因重报等而高估流动人口的规模。[①]

第二节　流动人口的分布

在总体上了解了流动人口的规模、态势后，可能有人会追问，在过去几十年中，流动人口主要来自何地？去往何地？又具有哪些特征？简单地说，人口流动的总体方向是从农村流向城镇，从中西部欠发达地区流向东部发达地区。在经过了一波又一波的人口流动高潮之后，人们对流入地的选择越来越理性，不再像早期那样随波逐流。

一、流动人口的流入地

人口流动已经成为普遍且常态化的经济和社会现象，全国各省、市、自治区等均有人口流出现象发生，但在不同时段，各省之间、同一省内的人口流动状况差异甚大。

表 1-1 展现了 1987～2010 年各省流出人口总量。1987 年的数据显示，安徽、江西、湖北、四川等地的流出人口规模并不大，其中四川的流出人口规模最大，约为 23.1 万，约占全国流动人口总量的 8.3%，这说明当时的人口流动规模有限。进入 20 世纪 90 年代后，特别是 20 世纪 90 年代后期，四川的流出人口数量迅速增加，所占比例大幅度提高。[②] 1990 年，四川的流出人口数量继续居全国首位，超过全国总流动人口数量的 10%。进入 21 世纪后，中部和西部地区的一些人口大省的流出人口数量占比继续上升，流出人口占比最高的依次为四川、安徽、湖南、江西四省。其中，前三省流出人口占比均超过 10%，四川的流出人口占比甚至高达 16.36%。这说明，在世纪之交，人口主要从中部和西部地区的少数几个省流出，中部地区的流动人口数量增幅最大，而东部地区经济比较发达，当地居民安土重迁或仅在东部地区内部迁移流动。[③]

---

① 陶涛，张现苓. 六普人口数据的漏报与重报 [J]. 人口研究，2013 (1)：42-53.

② 王桂新. 中国经济体制改革以来省际人口迁移区域模式及其变化 [J]. 人口与经济，2000 (3)：8-16, 22.

③ 王桂新，刘建波. 1990 年代后期我国省际人口迁移区域模式研究 [J]. 市场与人口分析，2003 (4)：1-10.

表 1 - 1　1987～2010 年各地流出人口数量及其在全国流动人口数量中占比

省、市、自治区	1987 年		1990 年		2000 年		2005 年		2010 年	
	人数（人）	占比（%）	人数（人）	占比（%）	人数（人）	占比（%）	人数（人）	占比（%）	人数（人）	占比（%）
西藏	14920	0.54	4859	0.45	19849	0.05	261	0.04	55185	0.06
宁夏	27074	0.98	5569	0.52	90163	0.21	1295	0.20	225794	0.26
青海	39603	1.43	9824	0.91	94988	0.22	1636	0.25	242086	0.28
上海	60805	2.19	15047	1.39	1426577	0.34	1853	0.28	250340	0.2
天津	34593	1.25	8619	0.80	82499	0.19	1387	0.21	273134	0.32
北京	87860	3.17	12311	1.14	91702	0.22	1971	0.30	274365	0.32
海南	—	—	11169	1.03	119403	0.28	2217	0.34	275751	0.32
新疆	180650	6.51	27324	2.53	156263	0.37	2054	0.31	297261	0.35
广东	107466	3.87	25025	2.32	430446	1.01	5565	0.85	880600	1.03
辽宁	84038	3.03	27231	2.52	361944	0.85	6461	0.99	1014028	1.18
内蒙古	55935	2.02	27793	2.57	504557	1.19	8816	1.35	1067556	1.24
山西	83129	3.00	22675	2.10	305148	0.72	5137	0.79	1083291	1.26
吉林	88615	3.19	34584	3.20	608693	1.43	2509	0.38	1372853	1.60
云南	93031	3.35	27209	2.52	343542	0.81	8592	1.31	1482442	1.73
甘肃	62200	2.24	26858	2.48	585868	1.38	8836	1.35	1593265	1.86
福建	46341	1.67	22763	2.11	810576	1.91	12844	1.97	1667254	1.94
浙江	97476	3.51	62627	5.79	1482465	3.49	16271	2.49	1853940	2.16
陕西	94415	3.40	33225	3.07	804454	1.90	14207	2.17	1960598	2.28
黑龙江	194170	7.00	59427	5.50	1174048	2.77	20942	3.20	2553648	2.97
江苏	105360	3.80	58848	5.41	715634	4.04	23606	3.61	3058880	3.56
山东	135510	4.88	52332	4.84	1104645	2.60	18829	2.88	3095717	3.60
河北	125572	4.53	66516	6.15	118975	2.87	18541	2.84	3498253	4.07
重庆	—	—	—	—	1005773	2.37	30786	4.71	3506899	4.08
贵州	124520	4.49	30932	2.86	1596461	3.76	30603	4.68	4048596	4.71
广西	84002	3.03	54877	5.08	2441847	5.76	37468	5.73	4184566	4.87
江西	67502	2.43	27702	2.56	3680346	8.68	49054	7.51	5787395	6.74
湖北	129608	4.67	34847	3.22	2805187	6.61	47014	7.19	5889792	6.86
湖南	93548	3.37	50352	4.66	4306851	10.15	61637	9.43	7228896	8.42
河南	130653	4.71	57757	5.34	3069955	7.24	59690	9.13	8626229	10.04
四川	230635	8.31	128735	11.91	6937792	16.36	77350	11.84	8905128	10.37

省、市、自治区	1987 年		1990 年		2000 年		2005 年		2010 年	
	人数（人）	占比（％）	人数（人）	占比（％）	人数（人）	占比（％）	人数（人）	占比（％）	人数（人）	占比（％）
安徽	95481	3.44	53822	4.98	4325830	10.20	76044	11.64	9622595	11.21

注：本表数据按照 2010 年流出人口数排序。

资料来源：1987 年的数据来自《中国人口和就业统计年鉴 1998》；1990 年的数据来自《中国人口和就业统计年鉴 1999》（注：该数据为 10％抽样数据）；2000 年的数据来自第五次全国人口普查；2005 年的数据来自 2005 年全国 1％人口抽样调查；2010 年的数据来自第六次全国人口普查。

2005 年和 2010 年各省流出人口数量有如下特点。2005 年，流出人口数量在总流出人口数量中占比超过 10％的是四川、安徽两省，流出人口数量在总流出人口数量中占比接近 10％的是湖南、河南两省，湖北、江西和广西的流出人口占比超过 5％；2010 年，安徽的流出人口数量首次居全国第一，四川、河南、湖南、湖北、江西紧随其后，其余省、市、自治区的流出人口数量占比均不足 5％。由表 1-1 可知，2000 年、2005 年和 2010 年，安徽、四川、河南三省流出人口数量之和分别占全国流出人口的 33.8％、32.6％和 31.6％。换言之，这三个时段的三省流出人口数量之和几乎都占全国流出人口总数的 1/3。若加上湖南、湖北、江西三省，则这六省的流出人口总数在这三个时段将超过全国跨省流出人口总数的一半。若将重庆、贵州、广西也计算在内，则这九个地区的流出人口数占全部跨省流出人口总数的 2/3 以上。

尽管 2010 年全国人口普查反映出来的流动人口主要流出地与 2005 年全国 1％人口抽样调查、2000 年全国人口普查相比有所变动，但流动人口主要来自中部和西部地区的趋势没有变化，流动人口的流出地主要是安徽、四川、河南、湖南、湖北、贵州、重庆等地的现状也没有变。从涨幅看，2000～2010 年，在流出人口总量居前五位的省份中，涨幅最大的是河南，十年间增长了 1.8 倍；其次是安徽，十年间增长了 1.2 倍。

在 2000 年、2005 年、2010 年的数据中，流出人口最少的地区也高度一致。在这三年的数据中，流出人口数量占比均不到 1％的省、市、自治区包括西藏、宁夏、青海、上海、天津、北京、海南、新疆等。其中，除海南外，这些地区有的位于西北部，有的是经济发达的直辖市。虽然西北地区经济欠发达，但当地人口总量本来较少，少数民族人数占比较高，且人们可能依旧秉承"安土重迁"的传统理念，流出人口较少。但是若从比例增长的角度看，西北地区流出人口的涨幅较大。

上述特点充分表明，人口流出大省多为人口大省，一个地区的人口流出数量与当地人口总量成正比。这种规律性和集中性与地区之间经济社会发展的差异是有关的，即多数流出人口量大的人口大省的经济社会发展水平相对滞后，使得大量人员外出。

二、流动人口的流向地

数以亿计的人口从中西部地区流出，去往何处呢？我国地域辽阔，经济较发达的城市不少，流动人口可选择的去处很多。在亿万人不断选择的过程中，一些地区接收了大量的流动人口，而另一些地区接收的流动人口相对较少。长此以往的后果是，流动人口的地域分布形成了既分散又集中的双重特点：流动人口分散于祖国大地的各个角落，集中于屈指可数的大城市。因此，我们既需要对人口的流动规律进行总结，又需要对流动人口的具体流入地区进行必要的描述与分析。

（一）从乡镇到城市

人口由乡入城是顺理成章的。以 2010 年为例，60.2% 的流动人口选择去城市，24.6% 的流动人口选择去小镇，15.3% 的流动人口进入农村，选择在农村工作和生活。虽然一些人选择的流入地点是农村，但也是大城市的郊区或城乡接合部。

如图 1-3 所示，无论在哪个年龄段，进入城市的流动人口的占比都是最高的，其中 20~24 岁进城的流动人口占所有进城流动人口的 11.63%。0~14 岁进入城、镇、乡的流动人口比例差别不大；15~24 岁进入城市的流动人口比例陡然上升，50 岁以后进入城、镇、乡的流动人口的比例差异逐渐减小。在进入镇的流动人口中，15~19 岁的人群比例最大。毫无疑问，流动人口由乡入城的特点是由城乡之间的机会差距（即城乡差距）导致的。

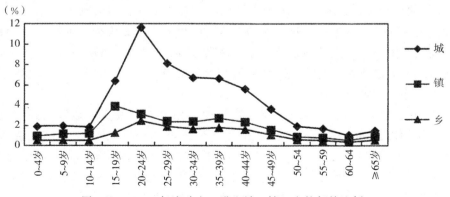

图 1-3　2010 年流动人口进入城、镇、乡的年龄比例

资料来源：第六次全国人口普查数据。

（二）从西部到东部

区域经济发展的不平衡使得我国人口流动的流向呈现出与地区的经济发展程度、对外开放程度和资金密集程度密切相关的特点，即中部、西部地区人口向东部地区流动，经济发达的长三角、珠三角、京津地区成为流动人口的主要接纳地。

根据1982～2005年全国人口普查和全国1‰人口抽样调查的结果，我们从区域层面分析流动人口流入地的变化趋势，[①] 结果如表1-2所示。在所有时段，东部地区接纳的流动人口最多。1982年后，流入东部地区的人口在全国流动人口中的占比大幅度上升，1987年升至43.8%，1990年接近50%，2000年达到57.0%，2005年达到64.6%，2010年与2000年几乎相同。1982年，中部地区的流入人口总量与东部地区相当，但此后下降较多，除1990年外，中部地区和西部地区的流入人口数量相当。

表1-2　1982～2010年三大区域流入人口比例

地区	1982年	1987年	1990年	2000年	2005年	2010年
东部	38.4%	43.8%	49.2%	57.0%	64.6%	56.4%
中部	37.9%	28.7%	29.0%	20.4%	17.2%	21.5%
西部	23.7%	27.5%	21.8%	22.7%	18.3%	22.1%

资料来源：1982～2005年数据来自段成荣、杨舸（2009）；2010年数据来自国务院人口普查办公室、国家统计局人口和就业统计司（2012）；按照以下标准计算东部、中部、西部地区：东部地区包括北京、天津、河北、辽宁、上海、江苏、浙江、福建、山东、广东、海南；中部地区包括山西、吉林、黑龙江、安徽、江西、河南、湖北、湖南；西部地区包括四川、重庆、贵州、云南、西藏、甘肃、青海、宁夏、新疆、广西、内蒙古。

（三）省际流动

中国流动人口主要来自中部、西部地区（尤其是四川、安徽、河南、湖南、湖北等人口大省），主要去向是东部沿海地区或省会城市。广东省得改革开放风气之先，从20世纪80年代开始就吸引了大量的外来人口，并很快成为"世界工厂"。珠三角的一些城市甚至出现了"人口倒挂"现象，即流动人口数量超过本地户籍居民数量。比如，由多个小镇组成的东莞虽然面积不大，却遍布各种加工厂和工人的集体宿舍楼，吸引了来自全国的大量外来务工人员。

有学者对20世纪80年代及90年代前期中国省际人口迁移流动发展态势及其区域模式进行考察，得出人口迁移流动越来越向东部地区集中的结论，认为经

[①] 段成荣，杨舸. 中国流动人口状况：基于2005年全国1‰人口抽样调查数据的分析［J］. 南京人口管理干部学院学报，2009（4）：5-9，15.

济比较发达的东部地区对中部、西部地区迁出人口具有显著的吸引作用。[①] 根据第五次全国人口普查资料，学者们发现，到了20世纪90年代后期，中国中部地区、西部地区人口主要向东部地区流入的模式十分稳定，流入人口主要集中在东部地区中经济比较发达的京津地区、泛长江三角洲地区（包括上海、江苏、浙江）和泛珠江三角洲地区。[②]

21世纪初期，东部地区吸引了全国一半以上的流动人口，人数达7856万，占全国流动人口总数的53.3%，分别是中部、西部地区的1.9倍和2.8倍，中国人口迁移的流向仍表现出显著的"向海"和东迁特征，其空间指向性和地域集中性明显，人口向东部地区集中化迁移趋势更强。[③]

表1-4展示了1982~2015年人口流入的省、市、自治区，数据既包括省外（或直辖市外、自治区外）流入人口，也包括省内（或直辖市内、自治区内）流动人口。从表1-4中可以看出，1990年及以后，流入人口较多的省、市、自治区有同有异。

表1-4 1987~2015年省、市、自治区流入人口总量

省、市、自治区	1982年		1990年		2000年		2010年		2013年		2015年	
	人数（万人）	占比（%）	人数（万人）	占比（%）	人数（万人）	占比（%）	人数（万人）	占比（%）	人数（万人）	占比（%）	人数（万人）	占比（%）
西藏	2.16	0.13	—	—	18.94	0.17	26.19	0.12	19.71	0.08	42.15	0.14
青海	11.41	0.66	2.5	0.74	42.18	0.39	99.29	0.45	90.75	0.35	115.57	0.39
宁夏	10.12	0.59	1.87	0.55	53.37	0.49	129.27	0.58	148.91	0.58	174.44	0.59
海南	—	—	2.51	0.74	89.46	0.82	66.35	0.75	164.96	0.64	196.14	0.67
甘肃	45.78	2.65	5.77	1.71	117.42	1.08	29.85	1.18	239.17	0.93	371.35	1.27
新疆	29.61	1.71	6.92	2.05	264.55	2.43	99.03	1.81	420.92	1.64	470.86	1.61
黑龙江	71.52	4.14	13.21	3.9	256.09	2.35	421.48	1.91	594.77	2.31	489.02	1.67
吉林	56.47	3.27	8.09	2.39	190.52	1.75	315.01	1.43	407.79	1.58	526.15	1.79
天津	22.51	1.3	3.38	1	88.6	0.81	343.94	1.56	350.49	1.36	566.28	1.93
贵州	37.74	2.18	7.52	2.22	187.54	1.72	414.71	1.88	570.07	2.22	573.88	1.96

① 王桂新. 中国经济体制改革以来省际人口迁移区域模式及其变化 [J]. 人口与经济，2000（3）：8-16，22.

② 王桂新，刘建波. 1990年代后期我国省际人口迁移区域模式研究 [J]. 市场与人口分析，2003（4）：1-10.

③ 梁鹏飞，林李月. 2005年中国流动人口的空间分布及其与区域经济发展的关系 [J]. 云南地理环境研究，2008（6）：64-68.

续 表

省、市、自治区	1982 年		1990 年		2000 年		2010 年		2013 年		2015 年	
	人数（万人）	占比（%）	人数（万人）	占比（%）	人数（万人）	占比（%）	人数（万人）	占比（%）	人数（万人）	占比（%）	人数（万人）	占比（%）
江西	53.73	3.11	9.13	2.7	235.98	2.16	447.04	2.02	405.72	1.58	635.4	2.17
重庆	—	—	—	—	15.56	1.43	424.27	1.92	609.12	2.37	689.41	2.35
广西	47.91	2.77	12.05	3.56	262.44	2.41	55.84	2.52	602.31	2.34	690.56	2.35
云南	46.52	2.69	9.99	2.95	327.1	3	556	2.52	567.88	2.21	716.62	2.44
陕西	63.68	3.68	9.96	2.94	179.35	1.65	493.97	2.23	595.99	2.32	725.46	2.47
山西	57.8	3.34	8.29	2.45	246.9	2.26	552.01	2.5	751.95	2.92	737.06	2.51
内蒙古	51.79	3	8.43	2.49	294.72	2.7	612.87	2.77	682.6	2.65	741.48	2.53
辽宁	85.12	4.92	13.63	4.03	336.26	3.08	633.26	2.87	976.64	3.8	853.15	2.91
安徽	71.82	4.15	11.79	3.49	213.58	1.96	567.08	2.57	771.41	3	916.98	3.13
河北	89.84	5.2	12.97	3.83	351.1	3.22	667.5	3.02	683.82	2.66	966.94	3.3
湖南	87.01	5.03	14.61	4.32	320.43	2.94	686.09	3.1	595.62	2.31	1016.45	3.47
河南	108.69	6.29	17.59	5.2	340.95	3.13	803.8	3.64	781.51	3.04	1044.95	3.56
北京	18.93	1.1	7.27	2.15	271.55	2.49	775.98	3.51	1119.95	4.35	1165.16	3.97
福建	33.91	1.96	11.29	3.34	496.63	4.56	1024.41	4.63	1385.04	5.38	1215.31	4.14
湖北	81.89	4.74	15.33	4.53	361.29	3.31	732.63	3.31	1202.19	4.67	1225.88	4.18
上海	23.46	1.36	8.1	2.39	450.22	4.13	961.43	4.35	1458.15	5.67	1344.16	4.58
四川	150.76	8.72	28.79	8.51	495.26	4.54	1038.73	4.7	1167.64	4.54	1540.26	5.25
山东	126.23	7.3	17.47	5.16	508.28	4.66	1133.64	5.13	1049.51	4.08	1574.67	5.37
浙江	67.85	3.92	11.62	3.43	739.12	6.78	1861.86	8.42	2226.28	8.65	1926.95	6.57
江苏	87.85	5.08	21.43	6.33	705.32	6.47	1566.63	7.09	1436.25	5.58	1945.6	6.63
广东	86.64	5.01	36.88	10.9	2299.96	21.1	3431.93	15.53	3657.54	14.21	4129.95	14.08

注：表中数据按照 2015 年的数据升序排列。

资料来源：1982 年、1987 年数据来自《中国人口和就业统计年鉴 1988》；1990 年数据来自《中国人口和就业统计年鉴 1991》（注：为 10％抽样数据）；2000 年数据来自第五次全国人口普查；2005 年数据来自 2005 年全国 1％人口抽样调查；2010 年数据来自第六次全国人口普查；2013 年数据来自《2014 中国统计年鉴》，2015 年数据来自《2016 中国统计年鉴》（注：该数据为 1.55％抽样数据，除以抽样比，得到全部流动人口数据，包括人户分离的人口）。

在 2000 年、2010 年、2013 年和 2015 年,广东、浙江、江苏、山东、福建、上海和四川等七省市吸纳的流动人口数量都排在全国前九名。以 2000 年为例,七省市所占比例分别为广东 21.1%、浙江 6.8%、江苏 6.5%、山东 4.7%、福建 4.6%、四川 4.5%、上海 4.1%,这七省市的流动人口之和占比超过全国流动人口的五成以上。与 2000 年相比,2010 年广东流入人口规模居全国之首,达 3431.93 万,占全国流动人口总量的 15.5%;浙江、江苏、山东、四川、福建、上海紧随其后,流入人口占比分别为 8.4%、7.1%、5.1%、4.7%、4.6%、4.4%,以上七省市流入人口数量之和约占全国流动人口数量的 50%。尽管 2010 年各省、市、自治区流入人口的数据比 2000 年有所降低,但无论是总量还是比例,都表明了流动人口向少数省、市集中的趋势不减,也证明了流动人口集中分布规律的稳定性、持续性和长久性。

1990 年以来的 20 多年内,广东吸纳流动人口的数量一直排在全国前列,流入人口比例从 1982 年的 5.0% 上升到 1990 年的 10.9%,再上升到 2000 年的 21.1%,2010 年达到 15.5%,2015 年达到 14.08%,这反映出流动人口高度集中的事实。与广东相似,1982~2010 年,江苏流入人口总量一直稳中有升,这反映出江苏也是人口流入的重点地区。其他省、市、自治区流入人口比例随时期、阶段不同有明显变化。例如,在 1982 年和 1990 年的两次调查中,黑龙江流入人口比例排名都比较靠前,但在 2000 年和 2010 年,其流入人口占全国流动人口的比例明显下降,这反映了黑龙江省内流动人口和省外流入人口可能都在减少。与黑龙江相似的还有安徽、河南等省份。而山东、辽宁、河北、湖北等省份在 1982~2015 年出现交替排名靠前的现象,这一定程度上反映了人口流动的流向变化趋势。

2010 年,广东是流动人口最向往之地,其流入人口数量占全国流动人口总量的 15.5%。与此同时,人口流动的格局也在悄然发生变化,越来越多的流动人口前往长三角和京津地区。2010 年,浙江流入人口(包括省内和省外)总量约为 1861.86 万,约占全国流动人口总量的 8.4%;江苏省流入人口总量为 1566.63 万,在全国流动人口总量中的占比达到 7.1%。此外,上海和北京流入人口数量为 961.43 万和 775.98 万,分别占全国流动人口总量的 4.4% 和 3.5%。与珠三角地区相比,长三角地区和京津地区流入人口总量少得多,但数量不容忽视。1982 年长三角地区流入人口总量为 179 万,2000 年增加到 189 万,2010 年是 2000 年的 23 倍多,达到 4452 万人;与其他年份相比,京津地区流入人口数量随时间推移也逐步上升,从 1982 年的 41 万上升到 2000 年的 360 万。随着京津地区的不断发展，越来越多的人口涌入该地区，2015 年该地区流入人口约为1731 万。与其他年份相比，2015 年的人口流迁分布并没有呈现大的变动，广东仍为人口迁入量最大的省份；西藏、青海等地的人口迁入量仍然最低。

显然，北上广深等城市经济比较发达，流入人口数量较多；相反，在经济欠发达地区（如西藏、青海和宁夏）流入人口数量较少。四川、安徽、江西、河南、湖北、湖南等省为人口流出大省，而且有大量的省内流动人口，故它们的流动人口总量不低。综合分析流入人口和流出人口，到 21 世纪初期，国内有九大人口净流出地，即四川、河南、湖南、江西、安徽、湖北、广西、贵州、陕西。[①]

对比 2000 年和 2010 年各省、市、自治区流动人口净迁移情况（如图1-4a、图1-4b所示）可知，2000 年净迁入人口数最多的地区为广东、上海、北京、浙江等；2000 年净迁出人口数最多的地区（净迁出人口数均超过 100 万）为四川、安徽、湖南、江西、河南、湖北等；2010 年净迁入人口数最多的地区为广东、浙江、上海、北京等；2010 年净迁出人口数最多的地区（净迁出人口数均超过 300 万）为安徽、河南、四川、湖南、江西、湖北等。对比 2000 年和 2010 年各地区净迁移情况，东部沿海地区（尤其是广东、北京、上海、浙江等）以经济优势和产业结构优势吸引了大量流动人口；而安徽、四川、河南、湖南等地成为流动人口的净输出地。

1982～2010 年，在总体集中趋势保持不变的宏观情况下，流动人口的分散性初见端倪。一些地区性的数据表明，部分制造业工厂的内迁，武汉、成都、重庆、西安和郑州等城市的发展，以及就地城镇化、就近城镇化政策的推行，使一些原本打算跨省外出之人转而在家乡附近寻找就业机会，这样既能实现提高收入的目的，又可以兼顾家庭。多数流动人口（尤其是跨省流动人口）迁移的目的是务工经商，故流动人口的流向在很大程度上随就业机会和发展机会的多少而变化。机会多的地方就会吸引人口的快速流入；若机会从多变少或机会本来就少，人口流入数量自然会发生相应的变化。因此，只要沿海地区的就业机会、工资收入和其他方面的待遇持续超过其他地区，那么沿海地区就依然是中部、西部流动人口的梦想之地；反之，若西部大开发、东北振兴、中部崛起、"一带一路"倡议得到有效落实，则人口回流是必然趋势。

---

① 孙峰华，李世泰，杨爱荣，等. 2005 年中国流动人口分布的空间格局及其对区域经济发展的影响 [J]. 经济地理，2006（6）：974-977，987.

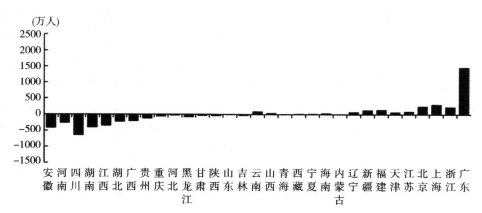

图 1 - 4a　2000 年各省、市、自治区人口净迁移情况

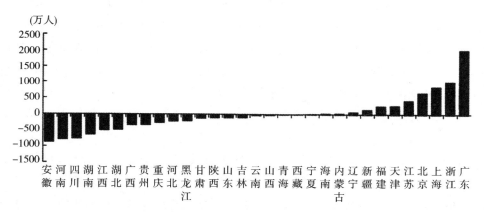

图 1 - 4b　2010 年各省、市、自治区人口净迁移情况

资料来源：第五次和第六次全国人口普查数据。

第三节　流动人口的特征分析

一、流动人口的人口学特征

流动人口在全部人口中的比例大幅度提高，已成为近年来中国各地区人口分布变动的重要原因。但是，该群体内部具有较大的异质性，表现为流动人口结构的多样性。

（一）流动人口的年龄结构

年轻人是流动人口的主力军，我国流动人口中 20～29 岁年龄段的人口占迁移人口总数的 30.0％以上。[①] 多数人口的流动发生在 15～35 岁的年龄段，[②] 在 1982～2010 年，全国流动人口的年龄中位数和平均年龄都呈上升趋势，年龄中位数由 1982 年的 23 岁上升到 2010 年的 29 岁。[③] 这个数字比全国总人口年龄中位数低 6 岁，比非流动人口年龄中位数低 8 岁。流动人口的平均年龄由 1982 年的 28 岁上升到 2010 年的 30.89 岁，[④] 比全国总人口的平均年龄低约 5 岁，比未流动人口的平均年龄低约 7 岁。若以年龄中位数 30 岁为区分成年型流动人口和老年型流动人口的标准，则可发现，流动人口依旧处于成年型阶段，以青壮年劳动力为主。

　　图 1－5 展示了 1982～2010 年，中国流动人口年龄结构的变动趋势。总体趋势是劳动力的比重不断上升；少年儿童的比重从急降变为平缓下降；老年人的比重持续下降，但在 1990 年后基本保持平稳。1982 年，15～64 岁劳动力的比例为 57.9％；0～14 岁少年儿童的比例为 33.6％，占全部流动人口的 1/3；65 岁以上老年人的比例为 8.5％。1987 年，15～64 岁劳动力的比例上升为 72.7％，上涨了 14.8 个百分点；相应地，少年儿童的比例下降了 12.0 个百分点，老年人的比例下降了近 3.0 个百分点。1990 年，劳动年龄流动人口的比例进一步上升为 80.4％，比 1987 年上涨近 8.0 个百分点；而少年儿童和老年人的比例进一步下降。2000 年以后，流动人口的年龄结构稳中微有变化；2010 年 15～64 岁流动人口的占比为 85.5％，而少年儿童的占比降至 11.3％，老年人的占比在 3.3％左右。

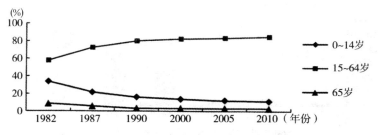

图 1－5　1982～2010 年流动人口年龄结构变动趋势

　　资料来源：历年全国人口普查和全国 1‰人口抽样调查数据，2010 年第六次全国人口普查及样本量为 1267381 的小样本统计数据。[⑤]

---

　　① 原新. 乡城流动人口对大城市人口年龄结构影响分析：以京、津、沪为例 [J]. 人口学刊，2005 (2)：3-8.

　　② 段敏芳. 中国人口迁移流动现状及发展趋势 [J]. 中国财经政法大学学报，2003 (6)：16-20，142-143.

　　③ 段成荣，杨舸，张斐，等. 改革开放以来中国流动人口变动的九大趋势 [J]. 当代中国人口（英文版），2008 (4)：32-39.

　　④ 段成荣，杨舸. 我国流动儿童最新状况：基于 2005 年全国 1‰人口抽样调查数据的分析 [J]. 人口学刊，2008 (6)：23-31.

　　⑤ 段成荣，袁艳，郭静. 我国流动人口的最新状况 [J]. 西北人口，2013 (6)：1-7，12.

显然，图 1-5 中展示的流动人口年龄结构特点与当下认知存在较大差异。现在人们普遍认为随着流动人口家庭化趋势明显，成年流动人口携家带口的比例会越来越高，即 0～14 岁少儿在流动人口中的占比会快速增加。但是，实际数据显示，0～14 岁少儿的比例越来越低。这一现象背后的原因尚需进一步探究。一方面，从城乡发展的长期规律来看，成年流动人口进城后，其市民化进程必然带动家庭成员的流动，流动人口中老年人、少年儿童的比例增加是必然趋势；另一方面，大部分流动人口在融入城市时面临很多困难，短时期内很难实现家庭团聚的愿望，老人和孩子将继续在农村留守。由此推测，流动人口的主体仍是青壮年，15～64 岁人口的比例不会大幅度降低，甚至还会有所增加。儿童与老年人的比例降低仅说明儿童与老年人人数增长的速度小于或等于成年劳动力人数的增长速度，并不代表儿童和老人人数降低或不增长。随着户籍制度改革的逐步推进，城市基本公共服务覆盖面的扩大，越来越多的儿童与老人将加入流动队伍。

（二）流动人口的性别结构

根据有关学者的计算，从绝对数量上看，女性流动人口不断增多。[①] 1982 年，女性流动人口不到 400 万；1990 年为 949 万左右；经过 20 世纪 90 年代的迅猛增长，2000 年女性流动人口达到 4935 万，10 年间增长了 3986 万；2005 年，女性流动人口总量进一步增至 7325 万，5 年间增长了 2000 多万，年均增长 400 多万；2010 年女性流动人口进一步增长，总数约为 10307 万，如图 1-6 所示。

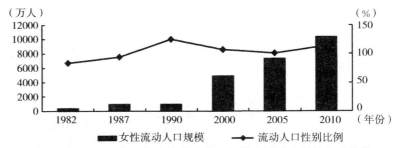

图 1-6　1982～2010 年女性流动人口规模及性别比例的变动趋势

资料来源：1982～2005 年数据来自段成荣、杨舸（2009）；2010 年数据来自第六次全国人口普查。

1982 年，流动人口的性别比低至 84％，即每 100 名女性流动人口仅对应 84 名男性流动人口；但是在 1990 年，流动人口的性别比发生逆转，达到 125％，即每 100 名女性流动人口对应 125 名男性流动人口，这也是在 1982～2010 年性别比最高的时点。虽然该比值在 2000 年大幅降低，且在 2005 年两性比例基本趋于

① 段成荣，杨舸. 中国流动人口状况：基于 2005 年全国 1‰人口抽样调查数据的分析 [J]. 南京人口管理干部学院学报，2009（4）：5-9，15.

平衡，但在 2010 年，该指标升至 113％以上。这一变化趋势与整个经济社会发展的模式和地区发展状况有关。在 20 世纪 80 年代，许多女性外出打工，进入制造业，因此女性流动人口的占比很高；而随着其他行业（如建筑业）的发展，市场对男性劳动者的需求量日益增大，男性流动人口的比例提高了。产业结构的逐步转型和调整升级、职业观念的转变使得越来越多的年轻男性加入一些新兴的服务行业，男性在流动人口中的占比也逐步升高。

图 1-7 展示了 2000 年和 2010 年两次全国人口普查中流动人口的性别、年龄结构，各数值为相应年龄段性别人口占总流动人口的比例。在 29 岁以下的年龄段，女性流动人口的数量超过男性流动人口的数量，且在两个调查时点保持相同趋势；而在年龄超过 30 岁以后，在 2000 年和 2010 年，各年龄段男性流动人口的占比都超过女性。由此可见，流动人口的性别结构深受年龄影响：年龄越小，女性选择流动的可能性就越大；而超过一定的年龄之后，女性的流动趋势就会变缓。出现这一现象的原因可能与传统的性别角色观念有关：随着婚姻的建立，女性流动人口或被动或主动地选择照顾家庭。需要指出的是，2010 年，在 30 岁及以上年龄段，女性流动人口的比例虽然均低于男性流动人口，但两者差距并不大。结合 15～29 岁年龄段的性别比可以看出，越来越多的女性摆脱了传统的留守形象，与男性一样奔向他乡，承担起更多的家庭经济责任。

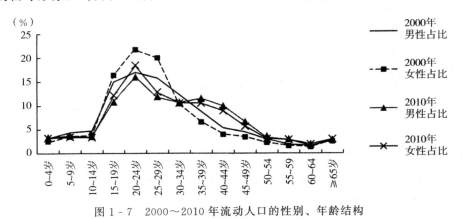

图 1-7　2000～2010 年流动人口的性别、年龄结构

资料来源：2000 年数据来自第五次全国人口普查；2010 年数据来自第六次全国人口普查。

女性人口流动的变化趋势与 21 世纪中国人口结构的变化和社会经济发展密切相关，但这一变化趋势是否更有利于女性的发展，还需要更长期的观察和更深入的分析。[①] 有些变化对女性发展具有明确的积极意义，例如，更多的女性在完

① 郑真真. 中国流动人口变迁及政策启示［J］. 中国人口科学，2013（1）：36-45，126-127.

成高中或更高层次的学业后开始流动，这有利于提高她们在就业方面的竞争力和更为长远的人力资本积累；更多的女性因务工经商而流动的现象反映了更多女性在外出工作方面具有主动性。另外，一些长期存在的问题依然没有改变，如流动女性在兼顾家庭和工作的问题上仍会陷入两难境地，如果流入地和流出地的政府、相关组织和社区能够创造更有利于流动人口生活的环境，那么会有助于解决流动女性的后顾之忧。

（三）流动人口的婚姻结构

如图1-8所示，流动人口始终以在婚人口为主，且从1990年以后，在婚有偶人员的比例呈不断上升趋势，从1990年的59.7%上升到2000年的64.8%。2005年，有近70.0%的流动人口有配偶，2011年该比例升至77.5%。1982～2011年，流动人口中离婚丧偶者的比例不断下降。1982年，有12.5%的流动人口是离婚丧偶人员；而到1987年，此比例下降到5.9%；到2000年以后，离婚丧偶人员的比例下降到3.0%以下，且仍保持下降趋势。研究认为，长期夫妻分离、生活稳定性差等原因导致流动人口的婚姻质量较低，离婚率较高。[①] 随着人口流动的不断家庭化，夫妻分离现象不断减少，婚姻家庭关系将得到改善。由于流动的目的性增强，流动人口已经不是在城市中"盲目流动"的群体，而是在提高收入的同时试图融入当地生活的逐梦群体。

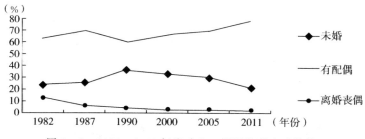

图1-8　1982～2011年流动人口婚姻状况变动趋势

资料来源：1982～2005年数据来自历次全国人口普查和全国1‰人口抽样调查数据，2011年数据来自国家人口计生委2011年流动人口动态监测调查。

1982年，大约有1/4的流动人口未婚；在1990年，这一比例有很大幅度上升，达到36.1%，但此后持续走低，稳中有降；2011年，大约有21.0%的流动人口尚未结婚，比2000年降低了11个百分点（2011年数据是随机抽样调查数据，难免有误差，这里仅做参考）。

（四）流动人口的户籍结构

由于中国城乡二元结构长期存在，流动人口因户籍身份的差异被分为城—城

---

① 殷文俊.浅析新生代农民工婚姻家庭问题［J］.佳木斯职业学院学报，2014（9）：327.

流动人口与乡—城流动人口（以农民工为主，包括他们的家庭成员）。

在历次全国人口普查中，1982 年的全国人口普查没有调查户籍，但此后的全国人口普查或小普查都调查了户籍。根据 1990 年全国 1％人口抽样调查数据，39.1％发生过地域流动的人拥有城镇户籍（如图 1 - 9 所示）；而 2000 年全国人口普查 0.95％抽样调查数据结果显示，该比例升至 49.1％；2005 年全国 1％人口抽样调查 20％再抽样结果表明，该比例为 44.8％。需要指出的是，拥有城镇户籍、发生过地域流动的人不一定都是流动人口，他们中可能有相当一部分属于市内人户分离人口。2010 年，22.5％的流动人口来自农村，51.6％的流动人口来自镇的村委会，11.2％和 25.8％的流动人口分别来自镇的居委会和街道办。有关部门将乡和村委会、居委会和街道办的数据进行合并，得出"2010 年城—城流动人口占比为 37％"这一数据。但是，这个数据可能高于城—城流动人口的实际比例，因为无论是镇的居委会还是街道办的数据，都可能包含一部分农村户籍人口。

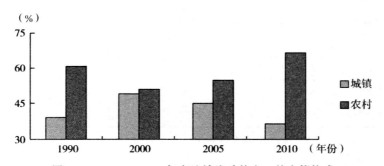

图 1 - 9　1990～2010 年有地域流动的人口的户籍构成

注：2010 年，乡—城流动人口占比有明显提升，而城—城流动人口的占比明显下降，这一现象的原因尚需进一步探究。

资料来源：1990 年、2000 年、2005 年分别的数据来自全国 1％、0.5％、20％人口普查，2010 年的数据来自第六次全国人口普查。

由此可见，乡—城流动人口依旧是流动人口中的主体，但城—城流动人口在中国城市建设和经济社会发展过程中发挥着不可替代的作用，也是需要关注的群体。

（五）流动人口的教育结构

在过去 30 多年中，中国人口的受教育水平得到很大改善，流动人口也不例外。如表 1 - 4 所示，1982 年流动人口中文盲比例接近 30.0％，而到 2000 年以后，文盲比例仅为 4.8％。流动人口中受过小学教育的人口比例也大幅度下降，由 1982 年的 39.3％下降到 1990 年的 32.5％，再降到 2000 年的 26.3％。2005 年，受过小学教育的流动人口人数不到总流动人口人数的 1/4；从 1990 年开始，受过初中教育的流动人口成为流动人口的主体；2005 年，47.4％的流动人口的受教育程度是初中，换言之，近一半的流动人口是在接受了九年义务教育后外出打工挣钱，开始流动和迁移的生命历程。在文盲率快速下降至极低水平、受过小学教育者数量逐渐降低的同时，流动人口中受过高中、大专教育的人口比例大幅提升。1982 年，大约有 8.4％的流动人口接受过高中教育，此后，这个教育层级人数的占比不断提升，1990 年为 11.6％，2010 年为 20.63％。同时，接受过高等教育的流动人口的比例也迅速增加，在 1982 年只有 1.0％的流动人口接受过大专及以上教育，而到 2010 年，此比例增长了 15 倍，即全部流动人口中有 15.0％的人接受过高等教育。

表 1 - 4　1982～2010 年 6 周岁以上流动人口受教育程度

受教育程度	1982 年	1987 年	1990 年	2000 年	2005 年	2010 年
文盲（％）	28.6	16.1	12.5	4.8	4.8	2.22
小学（％）	39.3	35.2	32.5	26.3	23.3	18.37
初中（％）	22.7	34.0	41.4	45.4	47.4	43.75
高中（％）	8.4	12.7	11.6	18.8	17.2	20.63
大专及以上（％）	1.0	2.0	2.0	4.8	7.2	15.04
平均受教育年限（年）	5.6	7.0	7.4	8.7	8.9	9.92
全国平均受教育年限（年）	5.5	5.9	6.3	7.6	8.3	8.66

资料来源：1982～2005 年数据来自段成荣、杨舸、张斐、卢雪和（2008），2010 年数据来自段成荣、袁艳、郭静（2013）。

事实上，流动人口的平均受教育年限一直高于全国人口的平均受教育年限，在 1987 年、1990 年、2000 年，流动人口的平均受教育年限一直高出全国平均受教育年限 1.1 年；在 2010 年，高出全国平均水平约 1.3 年。随着中国教育事业的不断发展，更多受过高等教育的人口选择迁移流动，流动人口的平均受教育年限将不断提高。在流动人口中，有相当一部分是城—城流动人口，他们中的很多人都受过高等教育；乡—城流动人口也是一个高度选择的群体，其中大多数人受教育程度相对较高，是农村户籍人口中的"知识分子"。

根据 2010 年第六次全国人口普查数据推算，[①] 城—城（包括镇）流动人口的平均受教育年限为 10.1 年，而乡—城流动人口的平均受教育年限为 8.9 年，前者高于后者 1.2 年。尽管乡—城流动人口的平均受教育年限低于城—城流动人口，但乡—城流动人口比全国人口的平均受教育年限要高出近 0.3 年，教育优势

---

① 这里根据第六次全国人口普查数据（分城乡教育程度的户口登记状况表）计算，其中，文盲＝0，小学＝6，初中＝9，高中＝12，大专＝15，本科＝16，研究生＝19；已排除市内人户分离，并将镇级数据与城市放在一起计算。

仍旧明显。

二、流动人口的经济社会特征

为获得更高的经济收入和生活质量，流动人口从乡村来到城市，从中小城市来到大都市。下面从职业结构、收入水平、社会保障和居住状况等方面，对其在流入地的基本经济社会特征进行较为全面和系统的描述。

（一）流动人口的职业结构

流动人口职业结构在纵向与横向两方面都存在较大差异，如图 1 - 10 所示。首先，省内与省外流动人口的职业结构存在一定差异，省外人口大多从事层次较低的职业。以 2000 年流动人口的职业结构为例，2/3 的省外流动人口从事生产、运输等工作，而省内流动人口从事这一职业的人数不到全省流动人口总数的 1/3；省内流动人口中，专业技术人员占 15.6％，比省外流动人口中专业技术人员的占比高 11.6 个百分点；省外流动人口中办事人员和有关人员的占比仅有 3.7％，比省内流动人口中办事人员的占比低 5.2 个百分点。2010 年，省内、省外流动人口的职业差异基本延续 2000 年的模式，虽然省内、省外流动人口在生产、运输设备操作等职业上的差距有一定缩小，但其中办事人员和有关人员、专业技术人员的比例依然存在较大差距。职业结构上的差距在一定程度上反映了流动人口对流动距离的理性选择（如果能够在较近的范围内获得较好的职业，便不会选择去更远的城市）、流入地就业市场的不完善及流动人口人力资本和社会资本的局限等。

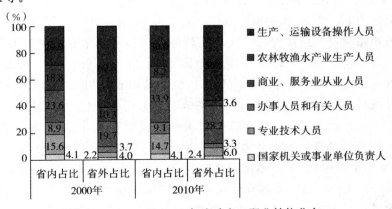

图 1 - 10 2000～2010 年流动人口职业结构分布

注：2000 年和 2010 年均为长表数据。

资料来源：2010 年省外流动数据来自第六次全国人口普查，2010 年省内流动数据来自第六次全国人口普查，2000 年省内流动数据来自第五次全国人口普查，2000 年省外流动数据来自第五次全国人口普查。

从纵向的变动趋势来看，省内流动人口从事生产、运输设备操作工作的比例基本保持在 30%，同时，省内流动人口中办事人员与专业技术人员的比例也尚未发生太大变化。但是，省内流动人口中从事农林牧渔水产业的人员的比例从 18.8%下降到 8.2%；相应地，商业、服务业从业人员的比例大幅增长，从 23.6%增长到 33.9%。省外流动人口的职业结构也表现出与省内流动人口相似的变化情况。随着经济社会的发展，中国逐渐开启了产业结构调整的进程，产业结构调整无疑是流动人口职业结构发生纵向变化的重要原因。

（二）流动人口的收入水平

获取更高的收入是人们外出流动的最基本动因之一。早期的研究表明，在较长时间内，流动人口的收入变化不大，但自 2008 年金融危机以后，农民工出现"返乡潮"，沿海地区尤其是以制造业为主的一些城市也相应地出现了"民工荒""用工难"现象（也有研究认为"民工荒"只是结构性短缺），这些问题成为社会各界关注的焦点。"民工荒""用工难"的一个重要原因在于流动人口的工资收入较低。因此，为了招揽工人，企业采取了给工人加薪、提供更好的福利等手段，这对流动人口工资收入的提高起到推升作用。不过，在同一时点，不同来源的数据得出的结论并不一致。

现有的调查研究多是针对流动劳动力的主体（农民工）开展的，这些调查研究证实了农民工的收入长期以来极端低下的情况。国家统计局在 10 个省市开展的城市农民工专项调查发现，从绝对收入看，直到 2006 年，农民工的平均月收入为 1003 元，其中低于 800 元的占 46.41%。赵长保、武志刚利用全国农村固定观察点系统 2003～2006 年的调查数据，对全国 31 个省份 314 个村近 2.4 万个家庭户进行跟踪调查，结果发现，从变动趋势看，2003 年农民工的月平均工资为 781 元，2004 年为 802 元，2005 年为 855 元，2006 年为 953 元。[1] 可见，随着经济的发展，农民工的收入水平有所提高，但与城镇职工相比，其收入仍然较低，增长速度缓慢。1980～2004 年，中国城镇职工平均工资性收入由人均 782 元增加到 16024 元，增长了约 19.5 倍；而国务院发展研究中心的一份报告显示，1992～2004 年，珠江三角洲外来农民工月平均工资仅增长了 68 元。[2]

从 2005 年全国 1%人口抽样调查数据中计算各省在业流动劳动力的月收入可知（如图 1 - 11a 所示），全国流动人口的平均收入为 999 元。其中，北京市流动人口平均月收入最高，为 1443 元；其次是上海市，平均月收入为 1334 元；广东、浙江、江苏、天津等省市流动人口的平均月收入也较高，都在 1000 元以上；

① 赵长保，武志刚. 农民工工资收入问题分析 [J]. 中国劳动经济学，2006 (4)：129-136.

② 段成荣，孙磊. 流动劳动力的收入状况及影响因素研究：基于 2005 年全国 1%人口抽样调查数据 [J]. 中国青年研究，2011 (1)：54-61.

内蒙古虽然经济不发达，但其产业结构和流动人口就业行业具有优势，流动人口的平均月收入也较高，超过 1000 元；吉林、黑龙江、河南、四川、贵州等地的流动人口收入较低，平均月收入仅在 700 元左右。

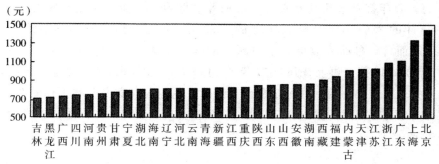

图 1-11a　2005 年各省区市在业流动人口月平均收入

资料来源：2005 年全国 1%人口抽样调查。

10 年之后，上述特点既有变化，又有延续。由 2014 年《流动人口动态监测调查》计算出来的各省市在业流动人口的收入（如图 1-11b 所示）可知，北京和上海两地流动人口的收入依旧稳居前两位，江苏和浙江两地流动人口的收入依旧排在前五位。2005 年广东流动人口的收入居于第三，但 2014 年退至 10 位之后。流动人口收入较低的省份排名有所变化，但黑龙江、四川、河南等省的流动人口收入依旧垫底。

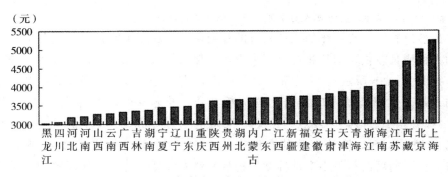

图 1-11b　2014 年各省区市在业流动人口月平均收入

资料来源：2014 年国家卫生计生委《流动人口动态监测调查》。

（三）流动人口的社会保障

社会保障对人口的社会经济生活具有极重要的作用。虽然流动人口在城市中工作、生活，以打工为主要谋生手段，但我国社会体系较倾向于保障城市居民，流动人口常常难以与城市居民享受同样的医疗、养老、失业等社会保险。

近年来，国家对流动人口的社会保障越来越重视，流动人口的各类社会保障情况得到极大改善，农民工的工伤保险、医疗保险、养老保险得到长足的推动。从国家人力资源和社会保障部公布的数据来看（如图 1 - 12a 所示），参加养老保险的农民工人数由 2006 年的 1417 万上升到 2010 年的 3284 万，再到 2015 年的 5585 万，每年都新增几百万农民工参加养老保险；参加医疗保险的农民工人数从 2006 年的 2367 万上升至 2010 年的 4583 万，再上升到 2015 年的 5166 万。就工伤保险而言，参保人数更有了飞跃性的提高，从 2006 年的 2537 万，上升到 2010 年的 6300 万，再上升到 2015 年的 7489 万。九年间政府和企业为近 5000 万农民工办理了工伤保险，在一定程度上保障了他们的人身安全和工作安全；2006～2010 年，农民工办理失业保险的人数稳步上升，从 2007 年的 1150 万人升至 2015 年的 4219 万人。

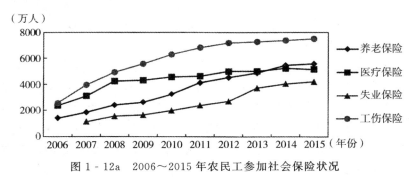

图 1 - 12a　2006～2015 年农民工参加社会保险状况

资料来源：2006～2013 年人力资源和社会保障部统计公报。

　　虽然以农民工为主体的流动人口的社会保障状况逐年好转，参加各类社会保障的人数增长较快，但从相对比例来看，参保人数占总流动人口的比例还普遍较低（如图 1 - 12b 所示）。一方面，2006～2015 年，农民工参加养老保险和失业保险的人数占全部流动人口数的比例不断上升：养老保险的参保率从 2006 年的 8.8％提升至 2015 年的 20.1％；失业保险的参保率从 2008 年的 8.0％上升至 2015 年的 15.2％。医疗保险的参保率从 2006 年的 14.6％快速升至 2008 年的 22.1％，在随后的年份中变动幅度平稳且呈略微降低之势；工伤保险的参保率在 2014 年开始略微下降。另一方面，即便是直接涉及人身安全的工伤保险，参保率也仅从 2006 年的 15.7％升至 2015 年的 26.9％，工伤保险的参保率是图 1 - 13b 中所示的四类保险中参保率最高的险种，仍远远低于城镇职工 52.1％的工伤保险参保率。

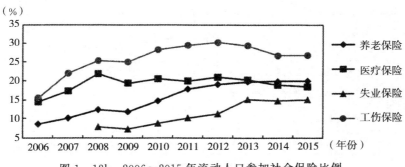

图 1－12b 2006～2015 年流动人口参加社会保险比例

资料来源：2006～2013 年人力资源和社会保障部统计公报。

（四）流动人口的居住状况

流动人口在城中生活的首要条件是获得安身之所。很多研究发现，流动人口的居住状况较差，"住有其所"是诸多流动人口的诉求。通过 2005 年全国 1‰人口抽样调查中关于全部人口与流动人口住房的数据，人们可以对乡—城流动人口、城—城流动人口以及本地市民的住房状况有一个较为全面的了解。尽管该数据距今已十多年，但在过去的十多年中，流动人口的居住状况变化不大，故该数据的结论在今天依然是有参考意义的。

表 1－5 描述的是 2005 年全部人群、本地市民、城—城流动人口、乡—城流动人口单人住房变量的描述性分析结果。

表 1－5 2005 年不同人群的居住条件单指标

变量		全部人群	本地市民	全部流动人口	城—城流动人口	乡—城流动人口
人均间数（间）		0.73	0.81	0.63	0.80	0.55
人均面积（平方米）		22.22	25.68	18.22	26.31	14.10
是否有自来水	是（％）	89.06	90.45	87.45	92.03	85.10
	否（％）	10.94	9.55	12.55	7.97	14.90
主要炊事燃料	煤气（％）	69.83	73.23	65.88	78.79	59.27
	电（％）	4.12	4.20	4.02	4.13	3.96
	煤炭（％）	13.78	15.50	11.78	8.83	13.30
	柴草（％）	6.17	6.19	6.15	3.51	7.50
	其他（％）	6.10	0.88	12.17	4.73	15.98

变量		全部人群	本地市民	全部流动人口	城—城流动人口	乡—城流动人口
厕所类型	独立使用抽水式（%）	54.17	64.43	42.25	67.27	29.43
	邻居使用抽水式（%）	3.35	1.44	5.57	3.16	6.80
	独立使用其他式样（%）	17.97	18.35	17.52	14.19	19.22
	邻居合用其他式样（%）	5.94	3.11	9.24	4.06	11.89
	无（%）	18.58	12.68	25.43	11.32	32.66
洗澡设施	统一供热水（%）	3.74	2.98	4.63	3.86	5.03
	家庭自装热水器（%）	48.31	59.25	35.60	61.70	22.23
	其他（%）	8.20	5.05	11.87	5.34	15.22
	无（%）	39.74	32.72	47.89	29.10	57.52
是否合住	是（%）	8.72	4.18	13.99	7.61	17.26
	否（%）	91.28	95.82	80.61	92.39	82.74
住房内有无厨房	独立使用（%）	78.17	92.52	61.49	83.81	50.05
	与人共用（%）	4.13	1.68	6.98	3.83	8.60
	没有厨房（%）	17.70	5.80	31.53	12.35	41.35
住房来源	自建住房（%）	18.89	25.60	11.09	11.21	11.02
	购买商品房（%）	16.87	20.72	12.39	26.16	5.33
	购买经济适用房（%）	6.23	9.47	2.46	5.31	1.00
	购买原国有住房（%）	17.31	27.31	5.69	13.72	1.58
	租赁公有住房（%）	9.40	9.76	8.98	9.77	8.57
	租赁商品住房（%）	20.30	2.61	40.86	23.72	49.64
	其他（%）	11.01	4.54	18.53	10.09	22.86

资料来源：基于 2005 年全国 1‰人口抽样调查 0.95‰再抽样数据计算。

由表 1-5 可知以下几点：

一是从全部人群的居住状况来看，人均住房约 0.7 间、22.2 平方米，较为宽敞；人们的生活较为卫生和便捷，近九成的人有自来水，分别有近 3/4 的人使用燃气或电气为炊事燃料，住房内有抽水式或其他式样独立厕所，六成人的住房内配备了洗澡设施；超过九成人单独居住，约有近八成人使用独立厨房，且近六成人在现居地拥有住房。

二是通过比较流动人口与本地市民的各项住房指标，可见后者在多数单指标上均占优势。比如，本地市民平均住房间数为 0.8 间、25.7 平方米，住房拥有率高达 83.1%，而流动人口的相应指标分别为 0.6 间、18.2 平方米和 31.6%；同时，本地市民比流动人口拥有独立卫生间、独立厨房、独立居住的比例更高。相对于全部人群而言，本地市民的住房条件处于平均水平之上，而全部流动人口则居于其下。

三是城—城流动人口与本地市民的居住条件大致相同，但也凸显出流入地在住房保障方面对外来人口设置的门槛较高。将城—城流动人口与本地市民进行比较后发现，二者在前面 8 项指标上均无太大差异，各项水平趋于一致，且在某些指标上，城—城流动人口的居住条件甚至超过本地市民。但是，在住房来源方面，城—城流动人口与本地市民展现出较大差异：（1）城—城流动人口的住房拥有率仅为 56.4%，远低于本地市民拥有住房的比例；（2）拥有住房者的住房来源有别，更高比例的本地市民自建住房、购买经济适用房与原国有住房，而更多的城—城流动人口购买商品房；同时，后者租赁商品房的比例大大超过本地市民。

四是流动人口内部存在明显的社会分层。乡—城流动人口的人均住房间数仅为 0.6 间、面积为 14.1 平方米，14.9% 的人住房无自来水，36.8% 的人使用的炊事燃料为煤炭、柴草或其他，约 1/3 的人住房内没有卫生间，仅不到五成的人拥有抽水式或其他式样的独立卫生间。超过一半的乡—城流动人口居住在没有洗澡设施的住房中，而居住在统一供热水或自装热水器住房的比例仅为 27.3%；这些指标均与城—城流动人口差距甚大。即便仅有 17.3% 的乡—城流动人口与人合住，这个比例也远远超过城—城流动人口的 7.6%。同样，尽管约 50.1% 的乡—城流动人口拥有独立厨房，但相较于城—城流动人口的 83.8%，这个比例也显得过低。最后，仅有 18.9% 的人拥有自己的房子，而其中主要是自建的住房，其次为购买商品房（5.3%）；近一半人租赁商品房，超过两成的人租用其他住房。

城—城流动人口的住房情况之所以更为理想，是因为该人群中包含了部分市内人户分离人口。剔除这部分人口后，城—城流动人口在所有指标上都要稍差一些，与本地市民的比较优势也基本消失，但他们依旧与本地市民差别不大。可见，流动人口内部的异质性很强，社会分层十分突出，乡—城流动人口处于底层。虽然流入地的住房保障对外来人口设置了诸多障碍，但随着住房制度的改革，在市场化进程中，只要经济条件许可，城—城流动人口可购买住房。即使租赁住房，城—城流动人口租住房屋的条件也明显好过乡—城流动人口。

三、流动人口的流动特征

除基本的人口特征和社会经济特征外，流动人口群体内部在流动进程中也具有不同的特点，表现在流动跨越的行政区域、离开户籍地的时长、在流入地的居留时间、流动原因和流动模式等方面。

（一）流动人口的流动区域

表1－6展示了2000年和2010年流动人口流动跨越的行政区域。在这10年中，跨省流动人口的占比在流动人口总体中有明显提升，而县内跨乡镇的流动人口占比明显降低。

表1－6　流动人口跨越行政区域

流动区域	2000 年		2010 年	
	人数（人）	占比（%）	人数（人）	占比（%）
跨省	37301550	36.66	94262751	42.57
省内跨市	33821700	33.24	48493170	21.90
市内跨县			23383008	10.56
县内跨乡镇	30626750	30.10	55268928	24.96

资料来源：段成荣、袁艳、郭静（2013）。

在省内的流动人口中，从农村流入的和从街道或镇居委会流入的几乎各占一半。而在跨省流动人口中，来自农村者所占比重明显较高，有80.0%以上；城—城流动人口只占跨省流动人口的20.0%以下。[1]

（二）流动人口的居留时间

在全国人口普查或全国1%人口抽样调查中，关于时间维度的问题问的是流动人口离开户籍地的时长，而非在现居地的居住时长，二者有较大差异，图1－13展示了前一类信息。由此可知，在1987年，18.4%的流动人口在流入地居住时间不满1年，17.0%的流动人口居住时间不满2年，另有40.1%的人口已经在流入地居住5年以上。2000年，22.6%的人口在流入地居住不满1年，而在流入地居住5年以上的比例有所降低，为34.6%。2005年和2010年均有近40.0%的流动人口在流入地居住不满2年，仅有不到1/3的流动人口在流入地居住5年以上。对于离开户籍地5年以上者的占比逐渐降低的趋势，应当从两方面来分析。一方面，随着农村富余劳动力的大规模转移，市场经济的不断深化，更多的人出于经济目的或社会目的离开户籍地，这类新增的流动人口离开户籍地的时长无疑较短；另一方面，随着更多流动人口在流入地的稳定就业及其城市融入度不断提高，他们在流入地的居留时间也会越来越长。虽然离开户籍地5年以上者的占比不断降低，但从绝对数量来看，其总量还是非常庞大的。

---

[1]　段成荣，杨舸. 中国流动人口状况：基于2005年全国1%人口抽样调查数据的分析 [J]. 南京人口管理干部学院学报，2009（4）：5-9，15.

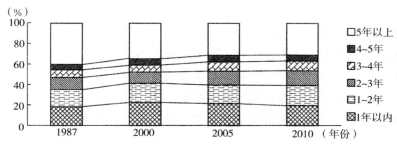

图 1 - 13 1987～2010 年流动人口居住时间

资料来源：历次全国人口普查和全国1％人口抽样调查数据。

（三）流动人口的流动原因

图 1 - 14a 的数据显示，务工经商始终是驱动人口流动的最关键因素，且从 1987～2010 年的变动趋势来看，该因素的作用随着市场经济的深入发展越来越强，故其在流动原因中的占比也越来越高（如图 1 - 14a 所示）。不过，因务工经商而流动的人口呈现出先上升、后下降的状况：在 1987～1990 年，务工经商者的占比由 27.5％升至 48.1％，增长了 20 多个百分点，后上升至 2000 年的 54.9％，达到最高点。但自 2000 年后，其占比下降，至 2010 年为 44.8％，比 2000 年降低了约 10 个百分点。1987 年，因婚姻迁入和投亲靠友人员的占比都较高，但此后持续降低；与此相反，随迁家属的占比于 1990 年经历了较大幅度的降低后，在后两次全国人口普查中都有较大幅度回升，基本恢复到 1987 年的水平。增长趋势最明显的原因是学习培训，因学习培训而流动的人口占比从 1987 年的 2.9％升至 2010 年的 11.5％。此外，因拆迁搬家而流动的人口比例在 2000 年和 2010 年间也有较大程度的上升。在各类原因中，因工作分配流动的人员占比最低，较稳定；与此类似的有工作调动因素。由此可见，随着时间的推移，家庭团聚和提高素质技能等目的将成为驱动人口流动的重要因素。

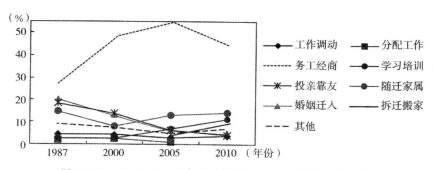

图 1 - 14a 1987～2010 年流动人口的流动原因的变动趋势

资料来源：历次全国人口普查和全国1％人口抽样调查数据。

流动原因存在较大的性别差异。图 1 - 14b 展示了两性部分流动原因的占比。

由图 1-14b 可知：

一是两性的模式基本一致，但同中有异。比如，无论对男性还是对女性来说，流动的主要动因依旧是务工经商，挣钱打工既是男性也是女性流动的最主要推动力量。但是，男性出于务工经商目的而流动的占比在所有时点都大大超过女性。两性的这一差异在 1990 年后持续降低，到 2010 年仅有 10 个百分点之差，这表明越来越多的女性随着时代的发展像男性一样承担起养家糊口的责任。

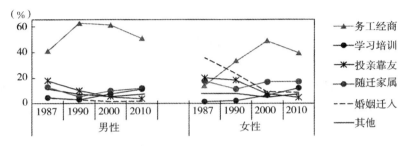

图 1-14b　1987～2010 年不同性别流动人口的主要流动原因

注：在这里没有呈现的三类原因分别为工作调动、分配工作、拆迁搬家。在前两个原因中，男性占比大大超过女性占比，但在拆迁搬家这一原因中基本没有性别差异。

资料来源：历次全国人口普查和全国 1% 人口抽样调查数据。

二是各类流动原因存在较大的性别差异。1987 年，婚姻迁入是驱动女性流动的最主要因素（女性占比为 35.1%，男性占比为 5.0%），投亲靠友次之（女性占比为 19.7%，略高于男性占比），17.3% 的女性作为随迁家属流动，超过男性占比 5 个百分点。由此可见，因家庭或社会、而流动的女性占比大大超过男性占比，因工作（包括这里没有展示的工作调动、分配工作）而流动的女性占比大大低于男性占比。但是，这个趋势在 1990 年以后有了较大改变，务工经商成为女性流动的最主要原因，到 2000 年，近一半的女性因经济而流动。同时，社会原因是推动女性流动的关键因素之一，虽然因投亲靠友和婚姻迁入而流动的女性比例大大降低，但随迁家属的女性占比一直较高。尽管因学习培训而流动的女性占比一直低于男性占比，但在 2010 年，因学习培训而流动的女性占比高达12.0%，略超过男性占比。

（四）流动人口的流动模式

中国人口的流动模式划分为四个阶段：第一阶段，流动人口在这一阶段利用农闲季节外出务工，以短距离流动为主，大多数流动人口单身外出，农忙季节依然回家，没有脱离家庭生活和农业生产；第二阶段，随着流动范围扩大，跨省、跨区域流动成为主体，流动人口在这一阶段基本脱离农业生产，不少家庭中夫妻双方均外出务工经商，子女留给家里的祖父母或其他亲属照顾；第三阶段，流动人口在外地站稳脚跟后，在经济条件允许的情况下，安排子女随迁，在流入地生活、就学；第四阶段，核心家庭在流入地稳定下来之后，青壮年流动人口进一步将父母列入随迁的考虑范围。

当前，中国人口流动正处于由第二阶段向第三阶段转变的时期，流动人口的家庭化趋势日益明显，家庭迁移以核心家庭的迁移为主要形式，夫妻二人或夫妇携子女在流入地居住生活已成为流动人口的主要特点之一。对比1990年和2000年两次全国人口普查结果后发现，户主与配偶均为流动人口的比例从1990年的7.44％上升到2000年的46.06％。[①]

国务院农民工工作领导小组办公室的调查数据显示，流动人口举家流动的比例还很低。从图1-15可以看出，在2008~2014年，外出农民工中举家流动的比重基本稳定在两成左右，近八成的外出农民工单独或仅与部分家庭成员迁移，即近80.0％的流动家庭是不完整的。2014年，中国的流动人口已达2.53亿，不管是举家流动还是其他形式的流动，流动所影响的人口数量可能占全国总人口的一半。

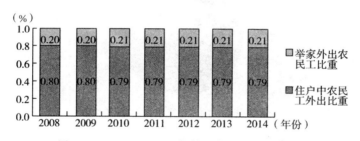

图1-15　2008~2014年外出农民工流动模式

资料来源：数据来自国家统计局2009年、2010年、2012年、2013年、2014年农民工测调查报告。

对2011年流动人口动态监测调查数据中的核心家庭（未育夫妻、夫妻和未婚子女、未婚者和父母）进行分析，我们发现，若包括单人流动，约27.0％的受访者为非家庭式流动；25.9％的受访者在流入地与部分家庭成员一同居住（即半家庭式流动）；其余47.08％的受访者实现了完整家庭式流动（见表1-7）。若不考虑非家庭式流动的情形，则举家流动的核心家庭比例提升近20个百分点；换言之，近2/3的核心家庭为完整的家庭式流动。

---

① 于学军. 中国流动人口的特征、需求和公共政策思考［J］. 开放导报，2005（6）：20-23，1.

表 1-7 流动人口流动模式

流动模式	包括单人流动		不包括单人流动	
	频数（人）	比例（%）	频数（人）	比例（%）
非家庭式流动	21086	27.02	—	—
半家庭式流动	44010	25.90	29771	33.96
完整家庭式流动	57902	47.08	57902	66.04

资料来源：2011 年全国流动人口动态监测调查。

2010 年流动人口动态监测调查数据表明（如图 1-16 所示），在流动人口中，夫妻及一个子辈的家庭比例最高，占全部样本的 30.0%；其次为单人家庭，占总家庭的 26.2%；仅夫妻二人的家庭比例为 20.2%。总体而言，有 73.8% 以上的流动人口家庭为二人及以上家庭，这表明流动人口家庭化趋势明显。

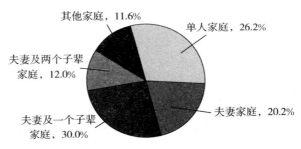

图 1-16 2010 年流动人口家庭结构

资料来源：2010 年全国流动人口动态监测调查。

（五）流动人口的子女状况

流动儿童与留守儿童是两个相对复杂又不断转换的群体，是中国工业化、城镇化和现代化进程中的一个特殊现象，在未来的一段时间内还将继续存在，是需要高度关注的群体。由于流入地结构性因素的制约和（或）流动人口因其他原因而做出的自愿选择，不少流动人口未将子女或全部子女带在身边。有多少孩子与父母一起在流入地居住？有多少孩子留守老家？还有多少孩子既不在流入地，也不在流出地？因为统计数据的局限，目前这些问题都难以得到准确的答案。

根据 2005 年全国 1% 人口抽样调查的数据推断，全国农村因父母双方或一方外出务工而成为留守儿童的约 5800 万，其中 14 周岁以下的留守儿童有 4000 多

万,① 而全国 14 周岁及以下流动儿童人数也达到 1834 万,② 到 2010 年达到了
2502 万。

全国流动人口动态监测调查数据分析结果显示,许多子女并未与父母同住
(如图 1 - 17 所示)。2011 年,子女都在身边的占比为 60.8%,都不在身边的为
27.3%;5.3% 的子女分居流入地和流出地,还有 4.6% 的子女都在外地,有
2.9% 属于其他情况(包括既有子女在老家,也有子女在本地,还有子女在外地
的情况)。可见,尽管主流模式十分清晰,即大部分子女与父母一起在流入地生
活,但流动儿童的居住安排比较复杂,可能给流入地和流出地的基础设施和公共
服务提出较大挑战。

从流动儿童的分布区域看,流动儿童的相对比例呈现出明显的区域差异。在
长三角地区和东北地区,大部分城市中携带子女的流动人口比例不足 50.0%,
表明这些地区的大多数流动人口的子女留在了老家成为留守儿童。当然,长三角
地区流动人口众多,即使流动儿童的比例相对较低,其数量也非常庞大。华北地
区和珠三角地区流动儿童的比例较高,大部分城市中携带子女的流动人口比例都
在 50.0% 左右,表明这些城市中携带子女的流动人口比例较高。流动儿童的相
对比例超过 75.0% 的地区大部分都在中西部,这表明流动人口是否携带子女一
同流动与流入地的经济发展程度、可享有的教育资源、流入地的生活费用等情况
密切相关。流入地经济越发达,流动人口越难以实现社会融入,流动儿童也越难
以实现就学愿望,因此,流动儿童比例相对较低。而在中西部城市,流动人口家
庭生活费用更低,对外来人口入学就读限制也更少,因此,更多的流动人口携子
女流入这些城市,这些城市的流动儿童比例较高。

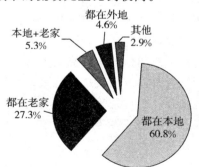

图 1 - 17 流动人口亲子之间居住安排

资料来源:2011 年全国流动人口动态监测调查。

---

① 张俊良, 马晓磊. 城市化背景下对农村留守儿童教育问题的探讨 [J]. 农村经济, 2010 (3):
102-105.

② 段成荣, 杨舸. 我国流动儿童最新状况:基于 2005 年全国 1% 人口抽样调查数据的分析 [J]. 人
口学刊, 2008 (6): 23-31.

第二章　流动人口社会融合现状分析

由于社会发展及我国东西部经济发展存在差异，越来越多的农村人口向城镇流动，开始了务工经商的新生活。政府尽可能地为这部分流动人口提供与城镇居民等同的发展机会，让流动人口更好地融入城市社会，以推进城市的快速发展。本章对流动人口的社会融入情况展开分析，同时探讨流动人口社会融合的重要意义。

第一节　流动人口社会融合概述及其特征

一、流动人口社会融合概述

（一）流动人口社会融合的概念

20 世纪 90 年代以来，随着我国大量农业转移人口进入城镇务工经商，流动人口的生存发展及社会融合状况引起社会各界的高度关注，不少学者开始从农民工适应性的视角开展与农民工的社会融合相关的研究。近年来，社会融合成为国内学界关注的热点，越来越多的学者开始以全新的、社会融合的视角来研究流动人口的相关问题。与发达国家移民相比，我国流动人口与流入地城市居民的文化差异较小，但我国有与发达国家相似的推进流动人口社会融合的工作任务。

流动人口社会融合的概念是：流动人口在流入地城镇公平地享受政府提供的各项基本公共服务和社会福利，获得均等的生存和发展机会；流动人口与流入地城镇居民个体或群体之间相互渗透、相互交融；流动人口全面参与流入地政治、经济、社会、文化生活，在实现经济立足、权益平等的基础上，能够被城市社会所接纳，享有政治参与的民主权利。这一概念有以下三层含义。

第一，流动人口社会融合是一个渐进的过程，不仅包括主观性的融入，更需要制度性的变革。城乡分割的二元体制，制度化地造成市民与农民、本地与外来之间的区隔，客观上对流动人口的社会融合意愿造成了损害，同时分割的户籍制度及其背后的隐性福利政策阻碍了流动人口的社会融合。要想实现流动人口的社会融合，首要任务是为已经从农村转移出来的劳动力提供融入城市社会的渠道和政策环境。① 流动人口在城市融合得好不好，除了制度性融合外，还要有流动人口的主观性融合。

第二，流动人口社会融合包括经济立足、权益平等、社会接纳、政治参与、身份认同、文化交融六个维度，各维度之间具有递进性、互动性。经济立足是流动人口社会融合的基础和前提，是流动人口在流入地安身立命之本。流动人口进城后能够稳定就业，具有适当的经济收入和消费水平，具有相对固定的住所，支撑他们在城市的稳定生活，这是流动人口社会融合的第一步。权益平等是流动人口在城镇实现经济立足的进一步要求。保障流动人口享有与城镇居民平等的劳动权益，主要体现在流动人口享有平等的就业权利和同工同酬上。社会接纳是流动人口社会融合的核心，所谓接纳就是指制度上要开放，不能排斥；社会接纳既是流动人口在城市生活的正当需求，又体现了流入地政府和城镇居民对流动人口的包容度。流动人口也是中国的公民，应当享有自由进入城市的权利，并且享有在城市工作、生活的权利。城市政府和社会各界要以包容互爱的心态和行动，接纳外来流动人口成为城市新市民。政治参与是流动人口社会融合的关键，是社会接纳在社会事务管理和民主政治权利方面的拓展和延伸。保障流动人口在流入地城镇享有广泛的社会参与和民主政治的权利，对促进流动人口社会融合发挥着承前启后的枢纽作用。身份认同是流动人口社会融合的主观体现，反映的是流动人口个人和群体的心理问题。流动人口与市民之间的相互认同是通过流动人口与城镇居民间的交流交往实现的。文化交融是流动人口社会融合的最佳状态，通过生活习俗、生活方式的改变，城市行为和城市文化的养成，乡村文化与城市文化的碰撞、磨合，最后达到文化交融，形成当地社会新的文化。经济立足是流动人口融入流入地社会的初始，经过社会交往与社区参与，实现身份认同，最后达到文化交融的境界。

第三，流动人口社会融合是多层面的，包括个体层面的微观融合、家庭层面的中观融合，以及社区乃至国家层面的宏观融合。社会融合需要政府、社会、企业以及公众等的广泛参与。

（二）流动人口社会融合的总体状况

我们对流动人口社会融合进行了研究，研究结果如图 2-1 所示。流动人口的社会融合综合指数得分为 54.26 分，存在较大的提升空间。流动人口在经济立足、权益平等、社会接纳、政治参与、身份认同、文化交融六个维度上的社会融合水平呈现差异分化，文化交融维度的优势较为明显，流动人口的文化交融水平最高，得分为 71.57 分。经济和社会融合维度滞后于文化融合。流动人口在经济立足和权益平等方面的得分分别为 53.72 分和 56.37 分，这表明流动人口在一定

---

① 杨云彦．"人口窗口"、转变期发展战略与新农村建设［J］. 学术月刊，2007（6）：82-85，88.

程度上具备了融入流入城市的经济基础，并在一定程度上实现了劳动权益平等。相比而言，流动人口的社会接纳和政治参与得分均较低，分别为 51.89 分和 36.89 分。其中，政治参与成为我国流动人口社会融合的短板。流动人口对公共生活领域的事务普遍兴趣不大，对参与选举和参加城市管理等政治活动的动力不足，同时，受到政治参与制度阻碍、参与渠道少及流动人口自身素质和能力等因素的限制，流动人口政治参与水平普遍较低。

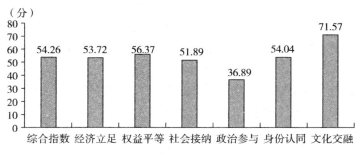

图 2-1　流动人口社会融合总指数和分指数得分

另外，从主客观视角来看，流动人口的社会融合是流动者的主观期望与流入城市的客观接纳相互统一的过程，也是流动人口自身行动参与和制度接纳的过程。流动人口在经济立足、权益平等、社会接纳、政治参与等方面的指标均受到结构性因素的影响与制约，其中受客观因素的影响较大，经济立足、权益平等、社会接纳、政治参与可以视为流动人口社会融合的客观性指标。身份认同与文化交融等主观性指标更易受到流动人口主观因素的影响与制约，因此，如果流动人口自身有融入意愿的话，那么就容易实现身份认同与文化融合。总体来讲，要想使流动人口有较强烈的主观融入意愿，有关部门要进一步改善流动人口社会融合的环境，以促进他们的社会融入。

二、流动人口社会融合的经济社会性

（一）流动人口社会融合与职业、行业、单位性质之间的关系

流动人口的社会融合因职业、行业、单位性质而异。职业状况是反映流动人口社会经济地位的重要指标之一。如表 2-1 所示，从社会融合总指数来看，干部及专业技术人员的社会融合水平明显高于商业服务业人员、工人及其他人员。从各维度指标来看，无论是在经济立足、权益平等、社会接纳、政治参与还是身份认同、文化交融方面，都呈现出干部及专业技术人员社会融合水平最高的特点。商业服务业人员、工人及其他人员在不同维度存在一定的差异。商业服务业人员在经济立足、身份认同、文化交融方面的得分高于工人及其他人员，而工人及其他人员在权益平等、社会接纳方面的得分高于商业服务业人员，这可能与两

者任职单位的性质有一定关系。相比而言，商业服务业人员尤其是餐饮行业人员多在个体及私营企业任职，这些企业在劳动合同的签订以及社会保险的参与方面不及大型企业。

表 2-1 不同职业流动人口的社会融合水平（单位：分）

	综合指数	经济立足	权益平等	社会接纳	政治参与	身份认同	文化交融
干部及专业技术人员	63.29	57.46	75.60	62.85	42.49	63.86	72.07
商业服务业人员	52.36	54.63	48.38	49.60	36.44	57.00	74.64
工人及其他人员	55.12	51.67	61.96	52.91	36.35	48.79	67.94

如表 2-2 所示，从单位性质来看，在国有企事业单位、外资及合资企业任职的流动人口社会融合水平较高。无单位的流动人口社会融合水平最低，与国有企事业单位、外资及合资企业单位任职的流动人口的社会融合水平差距为 14 分。从单位性质与各指标之间的关系来看，不同人群呈现不同的模式与特点。在个体及私营企业就职或无单位及其他单位的流动人口在权益平等、社会接纳、政治参与方面均明显低于在外资及合资企业、国有企事业单位任职的流动人口，但在身份认同及文化交融方面反而高于在外资及合资企业工作的流动人口。可见，在外资及合资企业工作的流动人口由于企业的规模较大、正规化程度较高，在劳动合同的签订、社会保险的参与等方面明显处于优势，但在涉及主观感受的身份认同及文化交融方面处于较低水平。这可能与其自身的融入意愿有很大关系。

表 2-2 不同单位性质流动人口的社会融合状况（单位：分）

	综合指数	经济立足	权益平等	社会接纳	政治参与	身份认同	文化交融
国有企事业单位	62.60	54.55	78.30	63.06	43.51	61.15	74.74
个体及私营企业	53.37	54.11	54.92	50.28	36.34	53.70	72.16
外资及合资企业	62.79	53.46	82.69	67.21	40.34	49.32	66.13
无单位及其他	48.65	49.96	36.92	47.52	34.65	56.29	71.38

若整合不同单位所属的行业，则可划分为制造业、建筑业、商业服务业、社会服务业及其他。从事不同行业工作的流动人口的社会融合状况差距不明显。在服务行业任职的流动人口在身份认同、文化交融方面优于在其他行业任职的流动人口。

（二）流动人口社会融合与签订劳动合同之间的关系

劳动合同的签订有效提高了流动人口的社会融合水平。签订劳动合同的流动人口的社会融合得分比未签订劳动合同者高出 12 分。从各项指标来看，签订劳动合同的流动人口在经济立足、社会接纳、政治参与方面的得分均高于未签订劳动合同者。但在身份认同、文化交融方面，签订劳动合同者不及未签订劳动合同者。可见，劳动合同的签订有利于规范劳动力市场，是保障劳动者权益的重要法律依据，因此，劳动合同的签订增强了流动者的就业稳定性及就业权益保护，提高了流动者的社会融合水平。

（三）流动人口社会融合与人群之间的关系

城—城流动人口的社会融合状况明显高于乡—城流动人口，如表2-3所示，无论是从经济立足、权益平等、社会接纳、政治参与还是身份认同、文化交融等方面着眼，均是如此。城—城流动人口的人力资本水平相对较高，就业的稳定性、收入、职业声望以及政治参与方面的意识、积极性均高于乡—城流动人口。因此，相较于乡—城流动人口，城—城流动人口更容易实现社会融合。

表2-3 分户籍类型的流动人口社会融合总指数和分指数得分

	综合指数	经济立足	权益平等	社会接纳	政治参与	身份认同	文化交融
城—城流动人口	57.99	54.78	62.95	56.84	39.75	66.89	73.45
乡—城流动人口	53.85	53.57	55.40	51.35	36.47	52.16	71.30

（四）流动人口社会融合与居住地的关系

生活在城镇社区的流动人口的社会融合水平更高。流动人口居住的社区环境不同，在公共资源的获得、公共服务的享有方面存在明显的差异，同时在社会交往、社会活动的参与方面也不同。相对而言，城镇社区无论是硬环境还是软环境均优于农村社区，居住在城镇社区的流动人口容易获得更优质的公共资源，享受更高水平的公共服务，其社会参与水平更高。因此，城—城流动人口的社会融合水平更高，无论是在经济立足、权益平等、社会接纳，还是在身份认同、文化交融等方面均是如此。

三、流动人口社会融合的流动性

（一）东部城市的流动人口社会融合水平高于中西部

流入东部城市的流动人口社会融合水平高于流入中西部城市的流动人口社会融合水平。如表2-4，流入无锡、苏州、上海这三个东部城市的流动人口社会融合水平高于流入武汉、长沙、西安、咸阳等中部和西部城市的流动人口社会融合水平。泉州是东部城市，虽然当地经济社会发展水平较高，但是流动人口社会融合水平不高。从社会融合各分指数来看，各城市经济立足分指数得分差异较小，得分均在 53 分左右。从权益平等来看，上海、苏州两地在权益平等方面的得分明显高于其他城市。泉州的产业模式是以民营企业为主力、以轻工业的产业集聚为特点的经济发展模式。

表 2 - 4　城市流动人口社会融合总指数与分指数① （单位：分）

	综合指数	经济立足	权益平等	社会接纳	政治参与	身份认同	文化交融
长沙市	50.77	53.91	37.98	51.24	40.28	45.70	87.53
泉州市	51.42	52.98	56.26	47.87	36.84	36.55	68.38
上海市	56.08	53.14	67.95	51.48	35.18	57.06	68.67
苏州市	56.36	53.20	64.38	55.37	35.26	54.75	71.11
无锡市	56.48	52.93	59.42	55.01	36.05	58.97	72.52
武汉市	53.96	53.39	44.90	48.97	38.15	64.19	84.79
西安市	51.92	53.57	44.22	49.18	35.47	55.42	86.31
咸阳市	54.74	53.62	56.28	52.53	39.20	49.44	84.03

（二）跨省流动人口在经济立足、权益平等方面优于省内流动人口，但在身份认同、文化交融方面不及省内流动人口

如表 2 - 5 所示，在身份认同、文化交融维度，存在市内跨县＞省内跨市＞跨省流动的特点。不难理解，流动者的流动范围越小，其流入地与流出地在语言文化、生活习俗等方面的差异就越小，流动人口的身份认同、文化交融水平就越高。

表 2 - 5　分流动范围的流动人口社会融合总指数和分指数得分 （单位：分）

	综合指数	经济立足	权益平等	社会接纳	政治参与	身份认同	文化交融
跨省流动	54.37	53.67	59.71	51.89	36.17	51.71	66.42
省内跨市	54.34	53.83	52.40	52.46	37.80	56.88	76.77
市内跨县	53.15	53.55	50.73	49.62	37.73	57.44	85.65

---

①　2014 年流动人口社会融合专题调查缺失子女教育部分的内容，因此在城市比较分析中，无法对 2013 年和 2014 年两个年度共计调查的 16 个城市合并分析，此处仅对 2013 年 8 个城市的流动人口社会融合水平进行比较分析。

第二节　流动人口的社会融入情况具体分析

一、流动人口的经济立足情况

经济是流动人口生存发展及社会融合的前提与基础，流动人口经济状况的改善与提高不仅有助于流动人口生活水平的提升，而且有助于流动人口家庭发展及其他方面的融合。经济立足维度主要通过职业、收入水平、社会保险三个指标来衡量。

（一）流动人口的职业类型

较高的职业层次不仅有利于流动人口收入的提高、经济地位的改善，而且有助于流动人口社会地位的提高，进而有助于流动人口的社会融合。从表 2-6 的统计来看，流动人口的职业层次较低，近 50% 的流动人口从事商业服务业，43% 的流动人口是一线工人，干部及专业技术人员在流动人口中仅占 8%。

下面从性别、代际、受教育程度及婚姻状况等方面看流动人口的职业状况。

第一，男性流动人口的职业层次相对较高，男性流动人口中干部及专业技术人员占 10% 以上，男女两性从事商业服务业的比例相差不大。相对而言，女性流动人口中工人及其他人员的比例明显高于男性，比男性高出近 7 个百分点。

第二，1980～1989 年出生的流动人口的职业层次相对较高，干部及专业技术人员占 10.90%。而 1990 年后出生的流动人口、1980 年前出生的流动人口中干部及专业技术人员分别占 5.6%、5.49%。1980 年前出生的流动人口中，商业服务业人员占 52.88%。1990 年后出生的流动人口中，工人及其他人员占近一半。

第三，随着受教育程度的提升，流动人口的职业层次不断提高，在小学及以下、初中、高中、大专及以上受教育程度的流动人口中，干部及专业技术人员的比例分别为 1.87%、3.79%、10.83%、32.89%。

第四，从婚姻状况来看，离婚及丧偶人群的职业层次明显比在婚人群、未婚人群低。在离婚丧偶人群中，干部及专业技术人员仅占 5.30%，而在婚、未婚人群中，干部及专业技术人员分别占 7.65%、9.26%。

表 2-6　按性别、代际、教育、婚姻等分类的职业类型（单位:%）

	干部及专业技术人员	商业服务业人员	工人及其他人员
男	10.15	49.98	39.86
女	5.47	48.35	46.18

续　表

	干部及专业技术人员	商业服务业人员	工人及其他人员
1980 年前出生	5.49	52.88	41.63
1980～1989 年出生	10.90	46.93	42.17
1990 年后出生	5.66	45.49	48.85
少数民族	7.34	31.75	60.91
汉族	8.01	49.74	42.26
小学及以下	1.87	41.72	56.41
初中	3.79	49.35	46.86
高中	10.83	54.10	35.07
大专及以上	32.89	39.70	27.40
未婚	9.26	49.89	40.85
在婚	7.65	48.78	43.56
离婚及丧偶	5.30	63.59	31.11

如表 2-7，在城—城流动人口中，干部及专业技术人员占 20.39％；而乡—城流动人口中，这一类型的就业者仅占 6.17％。乡—城流动人口中工人及其他人员的占比比城—城流动人口中工人及其他人员的占比高近 14 个百分点。而从流动范围来看，跨省流动人口中工人及其他人员的占比明显高于跨市、跨县流动人口中工人及其他人员的占比。在省内流动人口中，商业服务业人员占 60％以上。跨省流动人口中，工人及其他人员占 52％以上。从流动人口的居留时间来看，居留时间对流动人口的职业分化作用并不明显。从所居住的社区类型来看，居住在城镇社区的流动人口中，商业服务业人员的比例比居住在农村社区的流动人口中商业服务人员的比例高；相反，居住在城镇社区的流动人口中干部及专业技术人员的比例是居住在农村社区的近两倍。由于各个地区的产业结构、劳动力市场的不同，流入不同区域的流动人口的职业存在明显的差异。在流入东部地区的流动人口中，工人及其他人员占半数以上。在流入中部、西部地区的流动人口中，商业服务业人员均占 70％左右。

表 2-7　按户口性质、流动范围、居留时间、社区类型、区域等分类的职业类型（单位:%）

变量		干部及专业技术人员	商业服务业人员	工人及其他人员
户口类型	城—城流动人口	20.39	48.81	30.8
	乡—城流动人口	6.17	49.29	44.54

变量		干部及专业技术人员	商业服务业人员	工人及其他人员
流动范围	跨省流动	8.35	39.54	52.11
	省内跨市	7.61	61	31.38
	市内跨县	7.05	63.9	29.05
居留时间	10年及以上	8.18	49.68	42.14
	6～9年	8.53	49.35	42.12
	2～5年	8.25	50.24	41.51
	1年及以下	5.68	43.28	51.04
社区类型	农村社区	6.71	47.79	45.5
	城镇社区	11.8	53.51	34.69
区域	东部	8.89	38.93	52.18
	中部	5.14	69.6	25.26
	西部	7.38	70.59	22.02

（二）流动人口的就业情况

总体来看，流动人口的就业率较高，91%的流动人口在流入地实现了就业。从人口学特征来看，男性流动人口的就业比例高于女性流动人口的就业比例。1980年前出生的流动人口的就业比例高于1980～1989年出生的流动人口及1990年后出生的流动人口。教育与就业比例之间呈现正相关，随着受教育程度的提升，流动人口的受教育水平亦呈现出不断上升的趋势。而从婚姻状况来看，在婚人群的就业比例不及未婚人群的就业比例。这可能与在婚人群处于孕育期、怀孕待产期或照顾孩子期等而暂时放弃工作有关。

（三）流动人口的收入情况

如表2-8，从性别、代际、教育、婚姻状况、户口类型、流动范围、所居住的社区类型以及流入城市等方面来看，男性流动人口的收入水平明显高于女性流动人口，前者比后者高出900元、1980～1989年出生的流动人口比1980年前出生的流动人口在年龄上更有优势，比1990年后出生的流动人口在经验上更有优势，因此，1980～1989年出生的流动人口的平均月收入水平最高，达到3686.19元。流动人口的收入水平与受教育程度之间呈现正相关，即随着受教育程度的提升，流动人口的收入水平不断提升。少数民族流动人口由于受到语言、人力资本水平等因素的制约，在收入方面不及汉族流动人口。受过大专及以上教育者的收入水平比受过小学及以下教育者高约1713元。城—城流动人口的收入水平比乡—城流动人口高出1000多元。从流动范围来看，流动人口的收入水平随着流动范围的扩大而不断提升。换言之，跨省流动人口的收入水平高于跨市县流动人口，这可能与流动人口的选择性有关系。流动人口的居留时间越长，收入就越高。不难理解，随着居留时间的增加，流动人口的工作经验、社会适应能力均不断提升，进而提升了其收入水平。劳动合同的签订、培训均有助于提高流动人口的收入水平。从社区类型及流入区域来看，居住在城镇社区的流动人口收入明显高于居住在农村社区的流动人口，前者的平均收入比后者的高 600 多元。而从流入区域来看，流入东部、中部、西部的流动人口的收入呈现梯次下降的特点。这与各区域的经济发展水平、劳动力市场及流动人口的选择性有很大关系。

表 2 - 8 按性别、代际、教育等分类的流动人口月平均收入（单位：元）

变量		月均收入
性别	男	3933.51
	女	3030.02
代际	1980 年前出生	3623.57
	1980～1989 年出生	3686.19
	1990 年后出生	2754.31
民族	少数民族	3379.56
	汉族	3548.59
教育	小学及以下	3037.5
	初中	3358.24
	高中	3710.45
	大专及以上	4749.99
婚姻	未婚	3044.02
	在婚	3701.86
	离婚/丧偶	3485.93
户口类型	城—城流动人口	4459.87
	乡—城流动人口	3409.36
流动范围	跨省流动	3679.19
	省内跨市	3408.87
	市内跨县	3160.68

变量		月均收入
居留时间	10 年及以上	3890.31
	6 年至 9 年	3761.78
	2 年至 5 年	3498.04
	1 年及以下	3109.53
合同	签订	3665.14
	未签订	3405.73
培训	培训	3562.36
	未培训	3538.61
社区	农村社区	3389.18
	城镇社区	3998.7
区域	东部	3680.68
	中部	3386.86
	西部	3129.63

（四）流动人口的消费情况

流动人口的月均支出占总收入的 66%，支出收入比过高。从人口学特征来看，男性流动人口、在婚流动人口、1980～1989 年出生的流动人口的支出收入比相对较高。不难理解，在婚流动人口、1980～1989 年出生的流动人口正处于家庭发展期，在生育、抚育子女方面的花费相对较高。

二、流动人口的权益平等情况

权益保障使流动人口能够像城镇居民一样享受各项社会福利，包括养老保险、保障性住房申请等。目前，流动人口的权益诉求大多都与我国目前的户籍制度有关。作为一种载体，户籍承担了就业、社会保障和公共服务等多项内容。权益平等是流动人口实现稳定就业、经济立足及其他维度社会融入的重要基础。在权益平等维度，我们主要从劳动合同签订及同工同酬两个方面来考虑。

（一）流动人口的劳动合同签订情况

劳动合同是确立劳动者与用人单位之间的劳动关系及明确各自权利、义务的协议，是保障劳动者权益的重要法律依据。劳动合同的签订有利于规范劳动力市场，有利于增强劳动者就业的稳定性，提高劳动者的收入，提升劳动者社会保险的参保率，进而规避劳动者在工作与生活中面临的压力与风险，有助于促进流动人口的社会融合。

从流动人口的劳动合同签订状况来看，就业身份为雇员的流动人口中，71.64％的流动人口签订了劳动合同，有28.36％的流动人口未签订劳动合同。可见，流动人口的劳动合同签订率仍需进一步提升。而从流动人口所就业的单位性质来看，在外资及合资企业任职的流动人口的劳动合同签订率最高，其次是在国有企事业单位就业的流动人口，在个体及私营企业任职的流动人口的劳动合同签订率明显低于前两者。外资及合资企业、国有企事业单位的规模较大、正规化程度较高，出于社会责任并受规章制度制约，这些企业更愿意与流动人口签订劳动合同。而个体及私营企业规模较小、缺乏监管，在劳动合同签订方面做得较不好。

（二）流动人口的同工同酬情况

对于劳动者薪酬，除了特定行业外，企业应该抛开劳动者的身份标签，按岗位不同、贡献多少给付薪酬。推行同工同酬是促进经济平稳、健康发展的重要举措，是推动新型工业化、城镇化的战略要求，也是维护社会公平正义的必然要求。

总体来看，流动人口与本地居民基本实现了同工同酬，从事相同职业的本地居民与流动人口的收入比为1.02，本地居民的收入略高于流动人口。

三、流动人口的社会接纳情况

社会接纳既涉及制度环境、公共服务均等化，也涉及流入地当地居民对流动人口的态度。社会接纳情况，主要通过住房公积金、6周岁至15周岁流动儿童是否在学、流动人口健康档案的建档情况、培训活动，以及养老保险、医疗保险、失业保险、工伤保险的参与情况等指标来判断。

（一）流动人口的"五险一金"

社会保险是流动人口遭遇疾病、工伤、失业等风险时的安全网及保护器。因此，流动人口的社会保险水平也是衡量其经济立足维度的重要指标。我们将流动人口的五险一金（即城镇职工医疗保险、城镇职工养老保险、失业保险、工伤保险、生育保险、住房公积金）设置为一个二分类虚拟变量，参加某一项社会保险为1，否则为0。社会保险种类数是以上五险一金种类之和，最小值为0，最大值为6。

总体来看，流动人口中参加五险一金的人数并不多，流动人口平均参保的险种数量为1.11种。流动人口中未参加任何保险者占64.24％，五险一金全部参加者仅占1.39％（如图2-2所示）。从社会保险各分项来看，流动人口中参加工伤保险者的比例最高，其次为参加养老保险者的比例，流动人口中参加医疗保险者的比例与参加城镇职工养老保险者的比例相差较小，两者仅相差 0.08 个百分点。流动人口中参加住房公积金者的比例最低。

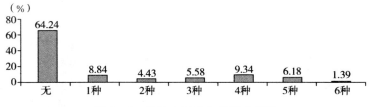

图 2 - 2　流动人口参加的社会保险

如图 2 - 3 所示，流动人口中参加医疗保险、养老保险、失业保险、工伤保险、生育保险、住房公积金的人员比例分别为 26.36％、26.44％、21.56％、27.55％、14.22％、9.72％。

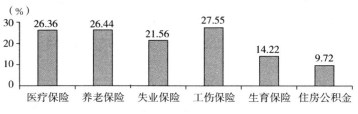

图 2 - 3　流动人口参加各项社会保险情况

见表 2 - 9，从性别、代际、民族、教育、婚姻状况、户口类型、流动范围、所居住的社区类型及流入城市等方面来看，男女两性流动人口在社会保险的参与方面差别不大。而从代际来看，1980～1989 年出生的流动人口社会保险的参与水平最高，平均参保的险种数量为 1.35 种，而 1980 年前出生的流动人口和 1990 年后出生的流动人口平均参保的险种数量分别为 0.90 种和 0.93 种。流动人口参保的险种数量随受教育程度的提升而增加。大专及以上学历的流动人口平均参保的险种数量明显多于小学及以下者。从户口类型来看，城—城流动者参加社会保险状况明显优于乡城流动人口，两者社会保险的平均参加数量分别为 2.13 种和 0.96 种。长久以来的户籍制度使得城—城流动人口在资源获取及福利获得方面高于乡—城流动人口，城—城流动人口的受教育程度也相对较高，因此其在职业稳定性、职业地位以及劳动合同签订意识等方面高于乡—城流动人口，其社会保险的参与程度相对较高。从流动范围来看，跨省流动人口的社会保险参与程度明显较高。从社区类型来看，城镇社区中的流动人口比农村社区的流动人口的社会保险参与程度高。从流入地区来看，流入东部地区的流动人口的社会保险参与程度明显高于流入其他地区者。这可能与流入不同地区的流动人口特点、流入地区的产业结构、企业规范程度有关。

表 2 - 9　按性别、代际、教育、婚姻等分类的社会保险参与情况（单位：种）

变量		平均参保的险种数量
性别	男	1.10
	女	1.12
代际	1980 年前出生	0.90
	1980～1989 年出生	1.35
	1990 年后出生	0.93
民族	少数民族	1.00
	汉族	1.11
教育	小学及以下	0.59
	初中	0.79
	高中	1.43
	大专及以上	2.73
婚姻	未婚	1.23
	在婚	1.08
	离婚/丧偶	0.93
户口类型	城—城流动人口	2.13
	乡—城流动人口	0.96
流动范围	跨省流动	1.22
	省内跨市	1.00
	市内跨县	0.79
居留时间	10 年及以上	1.23
	6 年至 9 年	1.31
	2 年至 5 年	1.10
	1 年及以下	0.78
社区	农村社区	0.93
	城镇社区	1.66
区域	东部	1.38
	中部	0.50
	西部	0.63

见表 2 - 10，从流动人口的劳动就业特征来看，劳动合同的签订、参加培训

活动等有助于提升流动人口的社会保险参与率。而从职业行业、单位性质来看，满足属于干部及专业技术人员、在制造业行业工作、所在单位性质为外资及合资企业等条件者的社会保险参与率最高。

表 2 - 10　按劳动就业特征分类的社会保险参与情况（单位：种）

变量		平均参保的险种数量
合同	签订	2.19
	未签订	0.31
培训	培训	1.44
	未培训	1.02
职业	干部及专业技术人员	2.76
	商业服务业人员	0.68
	工人及其他人员	1.3
行业	制造业	1.75
	建筑业	0.9
	商业服务业	0.55
	社会服务业及其他	1.25
单位	国有企事业	2.54
	个体及私营企业	0.87
	外资及合资企业	3.24
	无单位及其他	0.27

（二）流动人口的子女教育

户籍制度及衍生的教育制度在很大程度上限制了流动儿童接受平等教育的权利和机会。近年来，随着流动儿童的规模不断增大，流动儿童的教育权益保障问题逐渐成为政府和社会关注的焦点。流入地的基本公共教育服务主要通过 6 周岁至 15 周岁流动儿童是否在学来衡量。数据分析结果显示，6 周岁至 15 周岁流动儿童的在学率接近 98%。

（三）流动人口的健康档案

如图 2-4 所示，流动人口的健康档案建立比例较低，仅有 22.21% 的流动人口建立了健康档案，51.88% 的流动人口未建立档案，其中没建立健康档案但听说过者占 21.93%，没建且没听说过者占 29.95%，不清楚是否建立健康档案者占近 25.90%。

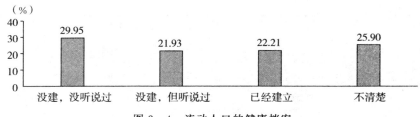

图 2 - 4　流动人口的健康档案

如表 2 - 11 和表 2 - 12 所示，从流动人口的异质性来看，流动人口健康档案的建档情况呈现如下特点。

第一，男性流动人口的健康档案建档比例低于女性，这可能与女性的生殖/避孕有一定的关系。而从代际看，流动人口健康档案建档比例的代际分化并不明显，但仍呈现出年龄越大，健康档案建档比例越高的特点。1980 年前出生的流动人口虽然建档比例较高，但是没建立健康档案且没听说过者的比例也较高。这可能与 1980 年前出生的流动人口随着年龄增加而自身健康状况下降有很大关系。流动人口的健康档案建档比例并未随受教育程度的提升而提升，未建立健康档案但听说过健康档案者则随受教育程度的提升而提升。从婚姻状况看，在婚人群的健康档案建档比例高于未婚及离婚/丧偶人群。

第二，从户口类型看，城—城流动人口与乡—城流动人口健康档案的建档比例差距不明显，虽然城—城流动人口中没建立健康档案但听说过者的比例明显高于乡—城流动人口。由此可见，城—城流动人口在公共服务的了解及意识好于乡—城流动人口。

第三，从流动范围看，跨省流动人口的健康档案建档比例不及省内流动人口。而从居留时间看，流动者的健康档案建档比例随着居留时间的延长而不断提升。可见，居留时间的延长增加了流动人口的社会适应力及公共服务的享有程度。

表 2 - 11　按性别、代际、教育、婚姻等分类的流动人口建立健康档案情况（单位:%）

变量		没建，没听说过	没建，但听说过	已经建立	不清楚
性别	男	30.47	22.29	20.67	26.57
	女	29.36	21.51	24.01	25.12
代际	1980 年前出生	30.03	21.93	23.07	24.97
	1980～1989 年出生	29.85	22.25	22.18	25.71
	1990 年后出生	30.08	20.78	19.48	29.6

变量		没建，没听说过	没建，但听说过	已经建立	不清楚
民族	少数民族	38.12	18.25	19.76	23.87
	汉族	29.72	22.04	22.28	25.96
教育	小学及以下	36.95	19.92	17.32	25.81
	初中	31.37	21.33	21.28	26.03
	高中	25.36	23.62	25.25	25.77
	大专及以上	29	22.11	23.2	25.69
婚姻	未婚	28.73	21.72	20.61	28.94
	在婚	30.35	22.01	22.7	24.94
	离婚/丧偶	28.34	21.2	21.66	28.8
户口类型	城—城流动	28.23	23.3	23.51	24.96
	乡—城流动	30.21	21.73	22.02	26.04
流动范围	跨省流动	35.28	19.88	18.04	26.79
	省内跨市	23.36	24.5	27.89	24.24
	市内跨县	22.57	24.52	24.95	27.95
居留时间	10年及以上	33.54	21.18	23.92	21.36
	6年至9年	31.7	21.38	24.18	22.74
	2年至5年	28.18	22.68	22.1	27.05
	1年及以下	32.83	19.62	18.28	29.27

其四，从流动人口的劳动就业特征来看，工人及其他人员的健康档案建档比例明显偏低，没建立健康档案且未听说过者的比例则较高。流动者所在的行业对流动人口健康档案的建立影响较小，在商业服务业工作的流动人口中健康档案的建档比例较高。而从单位性质看，在国有企事业单位任职的流动人口健康档案的建档比例明显较高。

其五，从社区类型、流入地区来看，在城镇社区中的流动人口在健康档案的建档上比在农村社区的流动人口的比例更高。流入中西部地区的流动人口健康档案的建档比例高于流入东部地区者。流入东部地区的流动人口中没建立健康档案且没听说过者的比例也明显较高。

表 2 - 12　按劳动就业特征、社区、区域等分类的流动人口建立健康档案情况（单位:%）

变量		没建，没听说过	没建，但听说过	已经建立	不清楚
职业	干部及专业技术人员	27.72	23.15	25.06	24.07
	商业服务业人员	25.75	24.32	25.67	24.26
	工人及其他人员	35.21	18.95	17.7	28.13
行业	制造业	36.2	16.87	20.1	26.83
	建筑业	34.96	24.24	20.71	20.1
	商业服务业	25.52	24.87	25.92	23.69
	社会服务业及其他	30.52	21.53	20.87	27.08
单位	国有企事业	24.15	23.7	28.51	23.64
	个体及私营	29.55	22.63	22.41	25.42
	外资及合资	32.09	18.25	21.04	28.61
	无单位及其他	32.57	20.49	19.78	27.16
社区	农村社区	30.89	21.46	21.41	26.24
	城镇社区	27.17	23.33	24.61	24.9
区域	东部	34.73	21.07	18.59	25.6
	中部	19.27	21.84	29.32	29.56
	西部	21.48	25.81	29.81	22.9

（四）流动人口的培训情况

　　培训是人力资本投资及人力资本水平提升的重要途径之一。总体来看，流动人口参加培训的情况不太理想，仅有 21.03％的流动人口参加过培训活动，换句话说，近八成的流动人口未参加过任何形式的培训活动。如表 2 - 13 所示，男女两性流动人口接受培训活动的情况差别不大。从代际看，不同代际的流动人口接受培训活动的差别不大。从民族看，汉族流动人口接受培训的比例明显高于少数民族流动人口。流动人口接受培训的情况并未随着受教育程度的提升而提升。相比而言，高中学历的流动人口接受培训的比例明显要高。从户口类型看，城—城流动人口接受培训的比例明显高于乡—城流动人口。而从居留时间来看，居留时间在 1 年及以下者的流动人口接受培训的比例明显低于其他流动人口。

表 2 - 13 按人口学特征、流动特征等分类的流动人口建立健康档案情况（单位:%）

变量		未接受	接受
性别	男	78.93	21.07
	女	79.01	20.99
代际	1980 年前出生	79.04	20.96
	1980～1989 年出生	78.63	21.37
	1990 年后出生	79.97	20.03
民族	少数民族	84.23	15.77
	汉族	78.81	21.19
教育	小学及以下	84.9	15.1
	初中	80.78	19.22
	高中	73.89	26.11
	大专及以上	78.63	21.37
婚姻	未婚	77.53	22.47
	在婚	79.5	20.5
	离婚/丧偶	73.04	26.96
户口类型	城—城流动	75.11	24.89
	乡—城流动	79.53	20.47
流动范围	跨省流动	84.59	15.41
	省内跨市	71.55	28.45
	市内跨县	73.95	26.05
居留时间	10 年及以上	80.39	19.61
	6 年至 9 年	78.31	21.69
	2 年至 5 年	78.05	21.95
	1 年及以下	83.02	16.98

四、流动人口的政治参与情况

流动人口的政治参与主要通过工会组织、选举活动、评优活动及居委会管理活动等方面的参与状况来进行具体考察。总体来讲，流动人口的组织参与水平较低，81.06% 的流动人口未参加过以上任何政治活动。仅有不到 15% 的流动人口参加过以上一种政治活动。

如图 2 - 5 所示，从各类活动的参与来看，流动人口参与工会组织、居委会管理的比例较高，但均不足 10%。流动人口参与评优活动、选举活动的比例则均在 4% 左右。

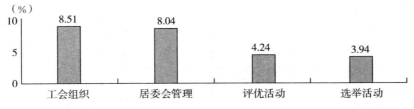

图 2 - 5　流动人口组织参与情况

如表 2 - 14 所示，男性流动人口参与政治活动的数量高于女性。从代际划分看，1980～1989 年出生的流动人口的政治活动参与状况好于 1980 年前和 1990 年后出生的流动人口。而从民族看，汉族流动人口的政治活动参与情况优于少数民族流动人口。随着受教育水平的提升，流动人口的政治参与意识会逐渐增强，更积极地参与各类政治活动。

从户口类型看，城—城流动人口的政治活动参与情况优于乡—城流动人口。而从流动范围来看，省内流动人口的政治参与状况优于跨省流动人口。而从劳动就业特征来看，流动人口的政治活动参与呈现明显的分化。干部及专业技术人员各类政治活动的参与度明显更高。在国有企事业单位任职的流动人口，政治活动的参与度高于在外资及合资企业、个体及私营企业单位任职的流动人口。而从流动人口所居住的社区类型看，生活在城镇社区的流动人口政治活动的参与情况优于在农村社区居住的流动人口。从地区来看，流入中部地区的流动人口，政治活动参与状况优于东部和西部。

表 2 - 14　按性别、代际、教育等分类的流动人口政治活动参与情况

变量		参与政治活动种类（种）	变量		参与政治活动种类（种）
性别	男	0.25	居留时间	10 年及以上	0.25
	女	0.24		6～9 年	0.27
代际	1980 年前出生	0.24		2～5 年	0.25
	1980～1989 年间出生	0.26		1 年及以下	0.19
	1990 年后出生	0.21	职业	干部及专业技术人员	0.48
民族	少数民族	0.20		商业服务业人员	0.22
	汉族	0.25		工人及其他人员	0.23

变量		参与政治活动 种类（种）	变量		参与政治活动 种类（种）
教育	小学及以下	0.17	行业	制造业	0.33
	初中	0.21		建筑业	0.21
	高中	0.29		商业服务业	0.21
	大专及以上	0.41		社会服务业及其他	0.25
婚姻	未婚	0.26	单位	国有企事业单位	0.51
	在婚	0.24		个体及私营企业	0.22
	离婚/丧偶	0.26		外资及合资企业	0.44
户口 类型	城—城流动	0.35		无单位及其他	0.13
	乡—城流动	0.23	社区	农村社区	0.20
流动 范围	跨省流动	0.22		城镇社区	0.32
	省内跨市	0.29	区域	东部	0.22
	市内跨县	0.26		中部	0.33
				西部	0.28

五、流动人口的身份认同情况

身份认同主要从是否认为自己是本地人、落户意愿、长期居留打算三个维度进行考察。

（一）流动人口的本地人认同

分析结果表明，多数流动人口对流入地缺乏认同，仍将流入地看作"外在的""他人的"，仍存在过客心理，认为自己不是本地人。

如表2-15所示，从流动人口的异质性看，男女两性流动人口在本地人身份认同方面仅有微小的差别。随着年龄的增大，流动人口中认同自己是本地人者的比例逐渐提高。在1980年前出生的流动人口、1980～1989年出生的流动人口、1990年后出生的流动人口中，认同自己是本地人者的比例分别为38.10%、35.01%、27.80%。从教育与本地人身份认同之间的关系来看，随着受教育程度的提高，流动人口认同自己是本地人的比例越高。受教育程度较高者在经济融合、社会接纳方面情况较好，可见经济、社会地位的改善有助于增强流动人口的本地人身份认同感。从流动人口跨越的行政区划看，两者之间呈现负相关，即随着流动范围的增大，流动人口认同自己是本地人的比例相应地降低。可见，跨越较大的地域、行政区划，远离原有的生活场域，流入地与流出地存在较大差异，使得跨省流动人口认同自己是本地人的比例明显低于跨市县流动人口。

表 2 - 15　按性别、代际、教育、婚姻等分类的流动人口的本地人认同情况（单位：%）

变量		是	不是
性别	男	35.22	64.78
	女	35.59	64.41
代际	1980 年前出生	38.10	61.90
	1980～1989 年出生	35.01	64.99
	1990 年后出生	27.80	72.20
民族	少数民族	23.87	76.13
	汉族	35.73	64.27
教育	小学及以下	30.97	69.03
	初中	33.27	66.73
	高中	35.90	64.10
	大专及以上	53.37	46.63
婚姻	未婚	29.24	70.76
	在婚	37.23	62.77
	离婚/丧偶	34.79	65.21
户口类型	城—城流动	45.31	54.69
	乡—城流动	33.94	66.06
流动范围	跨省流动	30.79	69.21
	省内跨市	38.69	61.31
	市内跨县	56.00	44.00
居留时间	10 年及以上	44.04	55.96
	6 年至 9 年	40.64	59.36
	2 年至 5 年	33.81	66.19
	1 年及以下	26.86	73.14

如表 2 - 16 所示，干部及专业技术人员和在社会服务业及其他行业、国有企事业单位任职的流动人口的本地人认同比例明显更高。从社区类型看，在城镇社区居住的流动人口认同自己是本地人的比例明显更高。从流入区域看，流入东部、中部、西部地区的流动人口认同自己是本地人的比例依次上升。

表 2 - 16　按职业、行业、单位等分类的流动人口的本地人认同情况（单位：%）

变量		是	不是
职业	干部及专业技术人员	42.61	57.39
	商业服务业人员	36.55	63.45
	工人及其他人员	32.71	67.29
行业	制造业	18.06	81.94
	建筑业	24.85	75.15
	商业服务业	37.42	62.58
	社会服务业及其他	39.01	60.99
单位	国有企事业	43.55	56.45
	个体及私营	34.92	65.08
	外资及合资	32.87	67.13
	无单位及其他	36.39	63.61
社区	农村社区	33.15	66.85
	城镇社区	42.07	57.93
区域	东部	32.03	67.97
	中部	38.99	61.01
	西部	45.95	54.05

（二）流动人口的落户意愿

如表 2 - 17 所示，流动人口的落户意愿并不高，近半数的流动人口不愿意将户口迁入流入地。愿意迁户者和不愿意迁户者的比例分别为 52.13%、47.87%。流动人口的落户意愿存在明显的人群差异、地区差异。1980～1989 年间出生的流动人口的落户意愿相对较高，这可能与这一人群正处于婚育阶段，子女教育是他们迁户的重要动力来源有关。随着受教育程度的提高，流动人口的迁户意愿逐渐提高。城—城流动人口的落户意愿明显高于乡—城流动人口，在土地、宅基地等农村福利下，农村户口的含金量提高，直接影响到乡—城流动人口的落户意愿。从流动范围看，跨省流动人口的落户意愿明显高于省内流动人口，跨省流动人口处于流入地福利圈层的外围，户口的迁入使得其可以享受到附着在户口上的各项福利。因此，相比省内流动人口，跨省流动人口有着更高的落户意愿。居留时间与落户意愿之间正相关，即居留时间越长，流动人口的落户意愿就越高。随着居留时间的延长，流动人口对流入地的适应程度不断提高，更愿意融入流入地，这类人群的落户意愿更强烈。

表 2 - 17　按性别、代际、教育、婚姻等分类的流动人口落户意愿（单位：%）

变量		是	不是
性别	男	51.96	48.04
	女	52.32	47.68
代际	1980 年前出生	50.77	49.23
	1980～1989 年出生	55.32	44.68
	1990 年后出生	45	55
民族	少数民族	45.36	54.64
	汉族	52.32	47.68
教育	小学及以下	43.13	56.87
	初中	48.42	51.58
	高中	56.48	43.52
	大专及以上	71.86	28.14
婚姻	未婚	48.45	51.55
	在婚	53.27	46.73
	离婚/丧偶	49.77	50.23
户口类型	城—城流动	69.65	30.35
	乡—城流动	49.56	50.44
流动范围	跨省流动	52.71	47.29
	省内跨市	51.89	48.11
	市内跨县	48.43	51.57
居留时间	10 年及以上	60.67	39.33
	6 年至 9 年	57.42	42.58
	2 年至 5 年	51.13	48.87
	1 年及以下	40.60	59.40

　　如表 2 - 18 所示，干部及专业技术人员和在国有企事业单位任职的流动人口的落户意愿更强烈。这部分人大多在正规企业任职，实现了经济立足，具备较高的融入能力。从区域看，流入东部地区的流动人口的落户意愿更强烈，因为东部地区的经济社会发展水平较高，福利水平更高，户口上的附加利益也更高。

表 2 - 18 按劳动就业特征、社区等分类的流动人口落户意愿（单位:%）

	变量	是	不是
职业	干部及专业技术人员	64.58	35.42
	商业服务业人员	53.91	46.09
	工人及其他人员	47.75	52.25
行业	制造业	40.04	59.96
	建筑业	44.70	55.30
	商业服务业	53.44	46.56
	社会服务业及其他	54.71	45.29
单位	国有企事业	60.97	39.03
	个体及私营	51.14	48.86
	外资及合资	49.89	50.11
	无单位及其他	55.17	44.83
社区	农村社区	50.45	49.55
	城镇社区	57.13	42.87
区域	东部	55.47	44.53
	中部	44.31	55.69
	西部	46.61	53.39

（三）流动人口的长期居留打算

流动人口在流入地的长期居留意愿较高，70.40％的流动人口有在流入地长期居住的打算。如表 12 - 19 所示，男女两性流动人口的长期居留打算无明显差异，有 69.95％的女性流动人口和 70.79％的男性流动人口有在流入地长期居住的打算。流动人口的年龄越小，在流入地长期工作生活者的比例就越低，1990年后出生的流动人口的流动性更强，生活、工作的变数更大。随着受教育程度的提升，流动人口的长期居留意愿也不断提升。从婚姻状况看，在婚人群的长期居留意愿更强烈，可见，婚姻增强了流动人口的长期居留意愿。城—城流动人口的长期居留意愿高于乡—城流动人口，跨省流动人口的长期居留意愿不及跨市、跨县流动人口。城—城流动人口的人力资本水平相对较高，经济、社会融合状况较好，因此，他们在流入地长期居留的意愿更高。跨市县流动人口在流入地的融入障碍低于跨省流动人口，他们的长期居留意愿较强烈。

表 2 - 19　按性别、代际、教育程度等分类的流动人口长期居住打算（单位:%）

变量		是	不是
性别	男	70.79	29.21
	女	69.95	30.05
代际	1980 年前出生	71.11	28.89
	1980~1989 年出生	72.04	27.96
	1990 年后出生	62.11	37.89
民族	少数民族	62.96	37.04
	汉族	70.62	29.38
教育	小学及以下	63.18	36.82
	初中	67.89	32.11
	高中	74.79	25.21
	大专及以上	79.72	20.28
婚姻	未婚	63.95	36.05
	在婚	72.37	27.63
	离婚/丧偶	67.74	32.26
户口类型	城—城流动	80.94	19.06
	乡—城流动	68.86	31.14
流动范围	跨省流动	66.98	33.02
	省内跨市	75.94	24.06
	市内跨县	67.43	32.57
居留时间	10 年及以上	81.19	18.81
	6 年至 9 年	77.4	22.6
	2 年至 5 年	69.11	30.89
	1 年及以下	55.64	44.36

如表 2 - 20 所示，相比而言，流动人口中的干部及专业技术人员、在国有企事业单位工作的流动人口、居住在城镇社区的流动人口在流入地长期工作、生活的愿望更强烈。从流入地区看，流入东部、中部、西部地区的流动人口在长期居住打算方面无明显区别。

表 2 - 20　按劳动就业特征、社区等分类的流动人口长期居住打算（单位：%）

变量		是	不是
职业	干部及专业技术人员	79.66	20.34
	商业服务业人员	75.93	24.07
	工人及其他人员	62.31	37.69
行业	制造业	79.89	20.11
	建筑业	81.73	18.27
	商业服务业	77.66	22.34
	社会服务业及其他	63.83	36.17
单位	国有企事业	75.00	25.00
	个体及私营企业	70.82	29.18
	外资及合资企业	61.54	38.46
	无单位及其他	72.84	27.16
社区	农村社区	68.82	31.18
	城镇社区	75.10	24.90
区域	东部	70.83	29.17
	中部	69.79	30.21
	西部	69.25	30.75

六、流动人口的文化交融情况

文化交融是流动人口社会融合的最高阶段。文化交融维度主要通过流动人口对本地语言的掌握程度，在风俗习惯、生活方式、教育理念等方面与本地人的差异及是否感觉被本地人接纳三个指标来衡量。

（一）流动人口对本地语言的掌握程度

语言是人们相互沟通、交流的媒介。熟练掌握并运用流入地的语言有利于流动人口与本地居民之间的交流及实现文化融合。

如图 2 - 6 所示，流动人口中在一定程度上掌握了流入地的语言、听得懂流入地的语言者占 80% 以上，其中，听得懂且会讲者占 29.49%，听得懂也会讲一些者占 24.03%。29.15% 的流动人口虽然能听懂一些，但不会讲。值得注意的是，17.33% 的流动人口不懂流入地的语言。

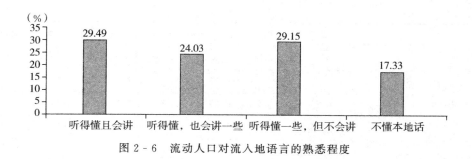

图 2-6 流动人口对流入地语言的熟悉程度

如表 2-21 所示，1990 年后出生的流动人口中不懂本地话者的比例较高，占 24.82％。换言之，约四分之一的 1990 年后出生的流动人口不懂流入地的语言。由于语言的限制，流动人口中不懂流入地语言的少数民族占有较大比重，占 30.99％。从受教育程度看，高中学历者不懂本地话的比例较低。由于跨越的行政区划较大，流入地与流出地的异质性较大，跨省流动者对流入地语言的熟悉程度与省内流动人口相比处于弱势。随着居留时间的延长，流动人口对本地话的熟悉程度逐渐增加。与在流入地居留时间在 1 年及以下者相比，在流入地居留时间在 10 年及以上者不懂本地话的比例降低了约 15 个百分点。

表 2-21 按性别、代际、流动范围等分类的流动人口对流入地语言的熟悉程度情况 （单位：%）

变量		听得懂且会讲	听得懂，也会讲一些	听得懂一些但不会讲	不懂本地话
性别	男	30.58	24.48	28.30	16.64
	女	28.22	23.52	30.14	18.13
代际	1980 年前出生	28.43	26.09	30.41	15.07
	1980～1989 年出生	30.03	22.82	29.83	17.33
	1990 年后出生	31.02	21.65	22.50	24.82
民族	少数民族	17.71	18.90	32.40	30.99
	汉族	29.83	24.18	29.06	16.93
教育	小学及以下	19.36	20.15	34.65	25.84
	初中	25.98	25.22	30.67	18.14
	高中	37.85	24.14	24.66	13.35
	大专及以上	33.94	20.98	29.12	15.96

变量		听得懂且会讲	听得懂，也会讲一些	听得懂一些但不会讲	不懂本地话
婚姻	未婚	35.78	21.7	21.59	20.92
	在婚	27.42	24.73	31.54	16.31
	离婚/丧偶	40.32	23.96	21.43	14.29
户口类型	城—城流动	37.90	21.18	26.68	14.24
	乡—城流动	28.26	24.45	29.51	17.78
流动范围	跨省流动	16.74	19.31	36.7	27.25
	省内跨市	42.09	30.85	21.54	5.52
	市内跨县	66.00	24.86	8.38	0.76
居留时间	10 年及以上	29.02	24.90	34.93	11.15
	6 年至 9 年	27.10	22.62	34.90	15.38
	2 年至 5 年	30.88	24.49	27.19	17.43
	1 年及以下	25.94	22.56	25.15	26.36

（二）饮食、风俗、卫生等方面的差异

如图 2-7 所示，流动人口倾向于保持家乡的饮食习惯、风俗习惯。分别有 65.40％和 63.97％的流动人口认同应保持家乡的饮食、风俗习惯。但是，在卫生习惯、服饰、人情往来以及对社会问题的看法等方面，流动人口与本地人口的差异较小。

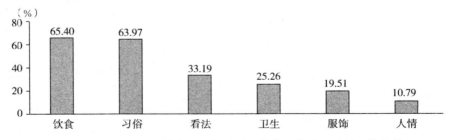

图 2-7　流动人口在饮食、习俗、看法等方面与流入地居民的差异

如表 2-22 所示，以风俗习惯为例，男女两性在风俗习惯认同方面的差异并不明显。相比汉族流动人口，少数民族因为自身的民族性而认为流入地与家乡风俗习惯存在差异的比例更高。由于流入地与流出地的文化差异较大，跨省、流入东部地区的流动人口在风俗习惯方面与流入地居民存在的差异也较大。

表 2 - 22　按性别、代际、民族等分类的流动人口在风俗习惯方面与流入地居民的差异（单位：%）

变量		认为风俗习惯有差异的人数占比
性别	男	64.44
	女	63.43
代际	1980 年前出生	60.95
	1980～1989 年出生	65.39
	1990 年后出生	68.84
民族	少数民族	77.43
	汉族	63.58
教育	小学及以下	65.51
	初中	64.3
	高中	66.45
	大专及以上	50.21
婚姻	未婚	67.49
	在婚	62.93
	离婚/丧偶	63.59
户口类型	城—城流动	64.72
	乡—城流动	63.87
流动范围	跨省流动	68.46
	省内跨市	61.61
	市内跨县	38.86
居留时间	10 年及以上	63.08
	6 年至 9 年	64.35
	2 年至 5 年	63.47
	1 年及以下	67.12
社区	农村社区	63.58
	城镇社区	65.14
区域	东部	72.69
	中部	42.52
	西部	50.83

（三）流动人口被本地的接纳感受

92％的流动人口认为本地人愿意接纳自己成为其中的一员，仅有8％的流动人口持否定态度。可见，多数流动人口还是感受到了流入地居民的友好和接纳态度。

如表2-23所示，从代际、民族、教育细分来看，1980年前出生的流动人口、1980～1989年出生的流动人口、1990年后出生的流动人口的接纳感受依次降低。由于受到地域性、民族性、宗教性的限制，少数民族流动人口的接纳感受低于汉族流动人口。随着受教育程度的提高，流动人口的接纳感受不断提升。受教育程度较高者的人力资本水平高、就业稳定性强、社会交往及网络广泛、社会适应性强，他们更容易感受到本地人的接纳。由于跨越的地域范围较大，跨省流动人口的流出地与流入地的差异也较大，因此，他们在接纳感受方面的占比不及省内流动人口。同样，流入地区与流动范围有互动作用，流入东部地区的流动人口在接纳感受方面的占比明显低于流入中西部地区的流动人口。

表2-23 按代际、民族、教育等分类的流动人口接纳感受情况（单位：%）

变量		认为自己被接纳的人数占比
代际	1980年前出生	92.25
	1980～1989年出生	91.04
	1990年后出生	90.76
民族	少数民族	89.20
	汉族	91.57
教育	小学及以下	90.67
	初中	91.04
	高中	91.96
	大专及以上	93.97
流动范围	跨省流动	89.95
	省内跨市	93.26
	市内跨县	94.71
居留时间	10年及以上	92.20
	6年至9年	91.99
	2年至5年	91.53
	1年及以下	89.99

续　表

变量		认为自己被接纳的人数占比
区域	东部	90.53
	中部	93.55
	西部	93.42

第三节　流动人口社会融合的重要性

我国是一个名副其实的流动人口大国，习近平总书记深刻指出，新形势下，如果利益关系协调不好、各种矛盾处理不好，就会导致问题激化，严重的就会影响发展进程。[①] 因为规模庞大，流动人口成为推动我国经济高质量发展、处理社会利益矛盾等各方面工作需要重点关切的人群和矛盾焦点之一。新时代流动人口社会融合是推进以人的城镇化为核心的国家新型城镇化工作的关键，这不仅是促进社会性流动、构建有序活力社会的必然要求，也是扩大中等收入群体、促进社会和谐稳定的必然要求。推进新时代流动人口社会融合已经成为影响当今中国经济社会发展全局的时代主题和重大任务。

一、流动人口是推进国家和城市繁荣的重要力量

2013 年 2 月 8 日，习近平总书记来到北京地铁 8 号线南锣鼓巷站施工工地，向正在施工作业的农民工和工程技术人员表达新春祝福。同时，他强调，农民工是改革开放以来涌现出的一支新型劳动大军，是建设国家的重要力量。[②] 随着工业化、城镇化的快速发展，农村人口大规模地流向城镇。由劳动力的转移而引发的人才信息、技术等资源的互补交流，也在流动人口流出地和流入地之间形成了巨大而深远的经济效益和社会效益，流动人口对我国经济社会发展的贡献力和影响力越来越大。实践证明，人口流动为我国经济增长直接提供了新的动力。40多年来，按照可比价格计算，我国国内生产总值年均增长约 9.5%，经济长期处于中高位的快速增长。据有关专家分析，其中劳动力转移对经济增长的贡献达到两成以上，由此可见，流动人口已经成为国家建设的重要力量。

流动人口推动了城市的繁荣发展。流动人口为城市建造了一座座高楼，为我

---

① 中共中央文献研究室. 十八大以来重要文献选编（中）[M]. 北京：中央文献出版社，2016.

② 人民网. 习近平看望慰问坚守岗位的一线劳动者 [EB/OL]. http://cpc.people.com.cn/n/2013/0210/c64094-20476040.html，2013-02-10.

国的经济发展做出了贡献。他们是光荣的打工者，他们是社会财富的创造者，他们是先进生产力发展的生力军。流动人口的作用主要如下。

第一，为城市带来了人力资本的流入。作为生产要素的流动，劳动力的流动实质上是一种人力资本的流动，是贫困地区的人力资本向发达地区的流动。因此在一定意义上说，劳动力的流动是财富的流出和集聚过程。贫困地区流向发达地区的往往是高素质的劳动力，他们的人力资本投资是由贫困地区提供的，而投资效益则在发达地区体现，收益最大的是发达地区。

第二，为城市发展提供了廉价的劳动力。流动人口大多在城市中从事传统服务业（如建筑、环境卫生、饮食服务和家庭用工等行业），这对平抑和稳定城市传统服务的价格及满足城市居民（尤其是中、低收入居民和老年居民）的消费需要都是不可缺少的。此外，庞大的流动人口群体是城市中主要的消费群体，有利于扩大城市内需。

第三，为城市创造了财富。流动人口为城市创造的财富以利润、利息、税收、地租等形式作为国民收入进行第二次再分配，其中相当一部分财富以利润、利息和租金等形式分配给当地劳动者，外地劳动者不能享受同样的待遇；还有一部分财富成为当地社会福利事业投资的主要来源，这些社会福利设施由当地全体居民共同享受，外地劳动者无法公平享有。

二、流动人口社会融合是推进新型城镇化的历史抉择

推进新型城镇化已经成为中国当今时代发展的重大主题。习近平总书记指出，城镇化是现代化的必由之路。[①] 我国新型城镇化是以人为本、集约高效、绿色低碳、开放包容的城镇化，是我国走向社会主义现代化强国、实现中华民族伟大复兴中国梦的有效途径，也是我国实现社会转型、从农耕文明走向现代文明的康庄大道。城市是人民群众寄托对美好生活向往的重要载体，是实现幸福生活的重要家园，是未来中国人口的主要承载地。习近平总书记指出，持续进行的新型城镇化，将为数以亿计的中国人从农村走向城市、走向更高水平的生活创造新空间。[②] 新型城镇化有别于过去的城镇化，要解决的是过去 40 多年城镇化快速发展带来的一系列问题。"十三五"开局之年，习近平总书记对深入推进新型城镇化建设做出重要指示时，进一步强调：新型城镇化建设一定要站在新起点、取得新进展，要坚持以创新、协调、绿色、开放、共享的发展理念为引领，以人的城镇化为核心，更加注重提高户籍人口城镇化率，更加注重城乡基本公共服务均等

①　中共中央文献研究室．十八大以来重要文献选编（上）[M]．北京：中央文献出版社，2014．
②　习近平．习近平谈治国理政（第一卷）[M]．北京：外文出版社，2014．

化，更加注重环境宜居和历史文脉传承，更加注重提升人民群众的获得感和幸福感。① 要真正实现以人的城镇化为核心的新型城镇化，当前最为迫切和紧要的就是坚持以人民为中心的发展思想，切实转变思想认识，加快实现城镇化发展理念和发展思路的"四个转变"：一是由"见物不见人"向"见物又见人"转变，即由过去大量农业转移人口未能享受城镇居民基本公共服务，向"稳步推进城镇基本公共服务常住人口全覆盖""使全体居民共享现代化建设成果"转变；二是由"粗放低效"向"集约高效"转变，即由过去城镇发展产城融合不紧密，产业集聚与人口集聚不同步，城镇化滞后于工业化，人口城镇化滞后于"土地城镇化"，建设用地粗放低效，向"四化同步，统筹城乡""优化布局、集约高效"转变；三是由城镇空间分布和规模结构不合理与资源环境承载能力不匹配，向"生态文明、绿色低碳"转变；四是由自然历史文化遗产保护不力、城乡建设缺乏特色向"文化传承、彰显特色"转变。农业转移人口的主要出路就在于推进城镇化和发展非农产业，因此，推进国家新型城镇化最重要的是加快农业转移人口市民化进程，推进流动人口社会融合。

推进流动人口社会融合是落实"新型城镇化的关键是解决好人的问题"的核心任务。早在中央城镇化工作会议上，习近平总书记就一针见血地指出，解决好人的问题是推进新型城镇化的关键。② 我国城镇化发展虽然取得了显著成绩，但在快速发展中也积累了不少突出矛盾和问题。目前我国城镇化发展失衡，城镇化发展质量不高，与人民群众对城市美好生活的向往有很大差距。其中流动人口的半城镇化问题尤其严重，2亿多进城农民工和其他常住人口还没有完全融入城市，没有享受同城市居民完全平等的公共服务和市民权利，"玻璃门"现象较为普遍。人口大规模的钟摆式流动衍生了大量的社会问题，不仅会直接影响城市的健康发展和社会的和谐稳定，还会影响全面建成小康社会目标的顺利实现，进而影响全面建设社会主义现代化国家新征程的开启。

城镇化的实质在于现代化，即在于社会生产方式、生活方式、价值观念的现代化，而不仅仅是人口在地域空间单纯的移动、居住区向城市的汇集，更重要的是实现生产方式、生活方式由农村向城市转变，乡村传统封闭的文化向城市现代化开放文化转变。因此，推进流动人口社会融合不仅是一个社会目标，而且是一个持续发展的过程。流动人口由农村到城镇、由欠发达地区到发达地区，将经历一个再社会化过程，即使已落户城市、身份已转变的农业转移人口，要真正融入城市，也需要不断调整适应与当地政府、社会和居民的关系，需要经过城市生活方式、生活习俗的适应和转变，城市文明、行为模式的接受和内化，才能真正成

① 新华网. 习近平：促进中国特色新型城镇化持续健康发展 [EB/OL]. http://www.xinhuanet.com/politics/2016-02/23/c_1118134674.htm, 2016-02-23.

② 中共中央文献研究室. 十八大以来重要文献选编（上）[M]. 北京：中央文献出版社，2014.

为城市新市民，这将是一个潜移默化、润物无声的长期过程。总体来讲，流动人口社会融合是流动人口适应城市生活方式、接受城市文明，逐步实现市民化的过程；是流动人口共享城市发展成果、获得平等发展机会的过程；也是城市增强自身的包容性，提升社会接纳能力的过程。此过程伴随着全体国民素质的提升，为全面建成小康社会、建设社会主义现代化强国、实现中华民族伟大复兴的中国梦积累着人力资本。因此，新时代流动人口社会融合不仅是推进国家新型城镇化的现实需要，也是流动人口利益诉求的时代呼唤，更是新时代赋予城市政府的历史责任。

三、流动人口社会融合是扩大中等收入群体的必然要求

习近平总书记指出："扩大中等收入群体，关系全面建成小康社会目标的实现，是转方式调结构的必然要求，是维护社会和谐稳定、国家长治久安的必然要求。"[①] 和谐、有序、稳定并充满生机活力的社会结构必然是以中等收入群体为主体的橄榄型社会结构。从全球视野看，世界上许多现代化发达国家都是橄榄型社会结构。中等收入群体比重的提高，可以直接有效地降低基尼系数，有效地改善收入分配状况，有助于缓解贫富差距造成的对立情绪和由此引发的社会问题。这就需要不断扩大中等收入群体，加快形成稳定的橄榄型社会结构。

习近平总书记在党的十九大报告中提出扩大中等收入群体，到2035年基本实现社会主义现代化时中等收入群体比例明显提高的目标要求。[②] 目前，上亿的流动人口大多在中等收入群体之外，是我国扩大中等收入群体的重点人群。流动人口拥有丰富的劳动力资源和创造活力，有较强的就业创业能力，只要国家给予好的政策，就有可能实现劳动力资源向人力资本的转化，为我国经济社会发展提供充沛的劳动力和人力资本，促进经济高质量发展，为加快建设现代化经济体系提供人力资本支撑；同时，通过在城市就业、增加收入，大多数有条件的流动人口将进入中等收入群体，包括低收入流动人口在内的低收入群体的收入也将显著提高，他们将成为我国橄榄型社会结构的重要支撑，促进社会和谐稳定。这就要求创新体制机制、完善社会政策，促进劳动力和人力资源的社会性流动，畅通中等收入群体的进入渠道，使流动人口在社会性流动中获得均等的各种机会，不断提高自身的素质，不断提高劳动收入。

---

① 习近平. 习近平谈治国理政（第二卷）[M]. 北京：外文出版社，2017.

② 央视网. 习近平：决胜全面建成小康社会夺取新时代中国特色社会主义伟大胜利——在中国共产党第十九次全国代表大会上的报告[EB/OL].http://news.cctv.com/2017/10/27/ARTIw3x1nOMEAmnaiR1zWuUI171027.shtml.

第三章　影响流动人口社会融合的因素分析

农村人口向城市流动，经济不发达地区人口向经济发达地区流动，在这一过程中，生活环境、生产方式等的不同导致流动人口难以有效融入城市社会，这在一定程度上影响了流动人口自身的发展状况，也给城市社会带来了众多不稳定因素。本章从环境、心理、居留意愿等方面对影响流动人口与城市社会融合的因素进行分析，以利于更好地推进城市社会对流动人口的接纳。

第一节　城市与社区层面的环境因素分析

环境会与人产生交互作用，因此特定的环境会决定人的经历与状态，从而影响人的认知与感受，而人也会因环境变化而调整自己的行为与态度。流动人口在进入流入城市后，会依赖甚至受制于全新的环境。他们将努力与这个城市建立更多的联结，以使自己可以生存与生活下去。因此，社会融合的过程从流动人口进入流入城市的那一刻起就已经开始，流入地的情况在无形中影响着流动人口的方方面面，流动人口需要适应与面对各个不同地区的独特属性。[①] 在西方社会融合的理论中，较早置入环境影响因素的是 Berry 的社会心理融合框架。在这一框架中，流入地因素被当作非个体层面的影响因素来加以探究。

我们将城市的特点、社区的情况、环境的转变看作环境因素的子维度。

从城市角度看，西方社会融合的研究越来越重视城市本身的特点与背景。在各类城市的特点中，城市的类型与规模、城市的人口构成及城市具体的经济、政治、文化等特征都是研究者们关注探讨的对象，这与城市规划学科的关注点基本一致，但从社会融合角度进行研究的学者们更关注这些特点对人的状态与社会管理的影响。西方研究者很关心城市的类型与性质，因为它们往往决定了这个城市的整体情况与这个城市面对移民（在我国为流动人口）的策略和态度。在城市的经济层面，发达的城市经济会使得移民从"趋利"的角度考虑进入该城市，不同的产业分布关系着移民的就业机会，城市居民的收入水平则影响着移民与当地居民之间的经济差距；在城市的文化层面，掌握这个城市的语言是移民首先要解决

---

① 王章华，颜俊. 城市化背景下流动人口社会融合问题分析［J］. 江西农业大学学报（社会科学版），2009（4）：108-112.

的难题，整个城市的氛围与民众的态度会使移民真切地感受到自己是否受欢迎；在政策层面上，城市的各项保障性制度的落实为移民提供着基础性的依靠。这些移民的相关研究都可以适用于我国流动人口的相关探究。

从社区角度看，社区作为流动人口进入城市后的落脚点与生活之地，是更小型但更加聚焦的环境领域。对城市与社区的结合探究能更加完整地刻画出流动人口所处的环境。国外研究主要将社区对移民的影响归结为社区的位置与类型、社区邻里、社区活动和社区服务等几个方面。社区的位置和类型影响移民的居住状态和接触城市资源的机会，社区邻里关系则是移民与当地城市居民关系的最基本反映。社区活动和社区服务为移民提供了与当地居民接触的最基本机会，同时也可以让移民在陌生的城市里有归属感与被欢迎的感觉。我国关于社区的研究大多数从社会工作的角度探讨了社区对流动人口的作用，从环境角度观察社区的研究较少。

从环境角度看，环境的转变对流动人口的社会融合有一定影响，比如来自不同性质流出地的流动人口的区别，跨省流动人口和省内跨市流动人口的区别。

综上所述，将环境因素进行细化，从城市、社区、环境的转变三个子维度对城市的类型与规模、人口构成、经济特征、文化特征和制度特征几个方面，对社区的类型和位置、社区邻里、社区活动和社区服务几个方面，流动人口的流动跨度、流出地性质两个方面进行探讨。

环境因素是重要的影响因素，因此是探讨的重点。但是社会融合还受到其他因素的影响，因此需要设置若干控制变量。人力资本因素与社会资本因素（都是社会融合的重要影响因素）、纳入流动人口的基本人口学特征变量（包括性别、年龄、婚姻状态等），以及描述流动人口当前状态的就业身份、月收入、流动时间等个人变量，共同作为控制变量。

由此，可以归纳出如下分析框架，如图3-1所示。在环境层面考虑环境影响因素的三个子维度，在个人层面考虑个人特征变量及流动人口的人力资本特征、社会资本特征等，分析探讨环境因素对流动人口社会融合及各个子维度融合的影响。

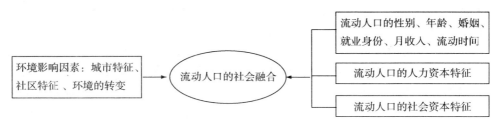

图3-1   社会融合的环境影响因素分析框架

在具体的测量指标上，社会融合是因变量，环境因素是自变量，分为城市特征、社区特征、环境的转变三个探讨维度。

一、城市特征

首先是城市的类型和规模。城市的类型代表着城市的性质，在中国，城市的行政级别在某种程度上反映了一个城市的大小、经济地位和重要性，因此本研究用行政级别来表征城市的类型，分为"直辖市""省会或副省级城市""地级市"三类。直辖市、省会或副省级城市具有较重要的经济或政治地位，往往会吸引到更多的流动人口，这些城市往往也更具有开放性。理论上说，流动人口在这些城市会有更高的社会融合度。

城市的常住人口数量在一定程度上反映了城市的规模，因此，本研究用城市常住人口数量表征城市的规模。城市的规模越大，城市对流动人口的承载力就越大，就越能为流动人口提供更好的条件和更多的机会。因此，理论上说，城市的规模越大，流动人口的社会融合度会越高。

具体研究假设如下：

a. 城市类型的行政级别越高，流动人口的社会融合度就越高。

b. 城市的规模越大，流动人口的社会融合度就越高。

本研究用城市外来人口比重来衡量城市的人口构成。城市的外来人口越多，流动人口就越容易找到与自己相似的人，从而减少对城市的陌生感。因此，理论上说，城市的外来人口比重越高，流动人口的社会融合度会越高。

具体研究假设如下：

a. 城市外来人口比重越高，流动人口的社会融合情况越好。

本研究用城市的 GDP 水平（万亿）、第三产业增加值占 GDP 比重和居民可支配收入（万元）来衡量城市的经济情况。城市的 GDP 水平与第三产业增加值占 GDP 比重均是城市经济情况的宏观体现，GDP 水平越高，城市的经济水平越高，其对于流动人口的吸引力就越强，流动人口的收入也就较高，就越能促进流动人口的社会融合。第三产业增加值占 GDP 比重越大，流动人口拥有的工作机会就越多，因为大多数流动人口选择从事第三产业中的销售、餐饮、服务等行业。居民可支配收入反映了当地居民的经济状况，若当地居民的可支配收入高，而流动人口的可支配收入与当地居民差距大，则不利于流动人口的社会融合。

具体研究假设如下：

a. 城市的 GDP 越高、第三产业增加值占 GDP 的比例越大，流动人口的社会融合度就越好；当地居民可支配收入越低，流动人口就越容易融合。

在城市的制度方面，与流动人口息息相关的是基础性保障制度，因此研究者在调查时询问了样本中流动人口是否具有城镇职工养老保险和是否具有城镇职工基本医疗保险（这两种保险为流动人口在城市就业可以享受的基本保障险种）。这些保障不仅由流动人口个人意愿或特征决定，还受到城市政策及政策执行的影响，因此其在很大程度上体现了制度环境。通过计算样本中参加上述两种保险的流动人口比例，本研究将城市流动人口中城镇职工养老保险的覆盖率和城市流动人口中城镇职工基本医疗保险的覆盖率作为自变量。执行参保的情况越好，城市中参保上述险种的流动人口的比例就越高，在这样的城市制度环境下，流动人口的安全感与保障感就越强，流动人口对城市的归属感也越强。

具体研究假设如下：

a. 城市社会保障的覆盖率越高，该城市流动人口社会融合度越高。

在城市的文化特征方面，根据西方的相关研究，城市的语言和本地居民对待移民的态度是影响移民社会融合的重要因素。在我国，这两类环境变量与流动人口自身的能力和感受息息相关，因此本研究从流动人口个人角度进行调查。针对城市语言，有关人员对流动人口进行询问："您对本地话的掌握程度如何?"（1＝"听得懂也会讲"，2＝"听得懂，也会讲一些"，3＝"听得懂一些但不会讲"，4＝"不懂本地话"，进行反向赋值）；针对城市居民对于流动人口排斥和歧视的态度，有关人员对流动人口进行询问："您同意'本地人不喜欢我'"（1＝"完全不同意"，2＝"不同意"，3＝"基本同意"，4＝"完全同意"）；"您同意'本地人看不起您'的说法吗?"（1＝"完全不同意"，2＝"不同意"，3＝"基本同意"，4＝"完全同意"）。掌握流入城市的语言有助于流动人口的社会融合，不懂当地的方言会阻碍流动人口日常的交流与融合。[①] 城市居民对流动人口的态度会显著影响流动人口对城市的感受，若流动人口觉得存在歧视或当地居民不喜欢自己，则很容易认为自己不适合这个城市。

具体研究假设如下：

a. 对城市语言掌握得越好，流动人口的社会融合度就越高。

b. 城市居民对流动人口排斥或歧视的程度越高，流动人口的社会融合度就越低。

二、社区特征

本研究首先聚焦于社区的位置和类型，调查问题为"您目前住在什么样的社区中?"（1＝"别墅区或商品房社区"，2＝"经济适用房社区"，3＝"机关事业单位社区"，4＝"工矿企业社区"，5＝"未经改造的老城区"，6＝"城中村或棚户区"，7＝"城郊接合部"）。社区的位置距离市中心越远，则流动人口距离城市的"核心"就越远，流动人口的社会融合度就越低；社区的环境条件越差、越

---

① 王忠，旷远瑶. 方言能力对流动人口长期居留意愿的影响研究 [J]. 劳动经济研究，2019（4）：102-120.

破旧，就越影响流动人口的生存质量与幸福感，从而不利于其对城市建立认同。

具体的研究假设如下：

a. 社区的位置距市中心越远，条件越差，居住在该社区的流动人口的社会融合度就越低。

在社区邻里方面，邻居是流动人口接触的重要城市居民群体。调查问题为"您的邻居主要是谁？"（1＝"本地人"，2＝"外地人"，3＝"本地人和外地人一样多"）。邻居中本地人越多，就越利于流动人口与本地居民接触，便于流动人口建立新的社会联结，使流动人口快速融入这个城市，消除自己身为外地人的隔离感。

具体的研究假设如下：

a. 社区里面本地人的比例较多时，流动人口的社会融合度较高。

在社区服务与社区活动方面，针对社区流动人口需求的社区服务可以切实帮助流动人口，使得流动人口增加对社区的好感与认同感，从而增加流动人口对城市的认同感。本研究对社区是否提供过能真正吸引流动人口参加的具体服务进行调查，调查问题为"您在本地居委会或本地住所接受过健康教育吗？""您在本地接受过免费的政府职业培训吗？"。社区活动是流动人口接触社区居民、融入陌生社区的重要渠道，可以帮助流动人口增强社区的归属感，从而促进流动人口的社会融合。本研究对社区是否举办过真正能吸引流动人口参与的各类活动进行调查，调查问题为"您是否参加过社区如下活动：A. 社区文体活动 B. 社会公益活动，C. 社区选举活动，D. 评优活动，E 业主委员会活动，F. 居委会管理活动"。

具体的研究假设如下：

a. 流动人口若接受过相关社区服务，其社会融合度就会相对较高。

b. 流动人口越积极参与社区活动，其社会融合度就越高。

三、环境的转变

人口的流动涉及环境的转变，越近距离的环境转变越利于流动人口的适应和习惯，因为个体对环境的熟悉度和具有的各类资源关系随距离的增加而减少。因此，流动跨越的范围越小，流动人口越容易融入新的环境，融合度越高。调查问题为"本次的流动范围为：1. 跨省流动　2. 省内跨市"。另外，环境转变后流动人口的适应情况与其原本所处的环境有关，原来就在城市中生活的个体在流动进入新的城市后更容易适应。来自城市地区的流动人口对现代价值观念和城市生活方式等城市文化比较熟悉。本研究对流动人口的流出地进行调查，调查问题为"您的户口性质是：1. 农业户口　2. 非农业户口"。

具体的研究假设如下：

a. 跨省流动个体的社会融合度不如跨市流动或市内跨县流动的个体高。

b. 从城市流出的个体比从农村流出的个体在新城市的社会融合度高。

四、控制变量

本研究调查了流动人口的个人特征及其人力资本因素、社会资本因素（即变量）。个人特征包括流动人口的性别、年龄、婚姻状态、就业身份（包括雇员、雇主、自营劳动者）、家庭人均月收入（万元）、流动时间（月）。本研究从流动人口的人力资本特征维度对流动人口的教育水平进行调查，调查问题为流动人口的社会资本特征（如流动人口在当地是否加入老乡会、同学会、家乡商会、工会等组织）。以上变量共同作为控制变量进入模型分析。

第二节　社会融合与流动人口的心理分析

心理健康的具体测量指标与具体研究假设如图 3-2 所示：

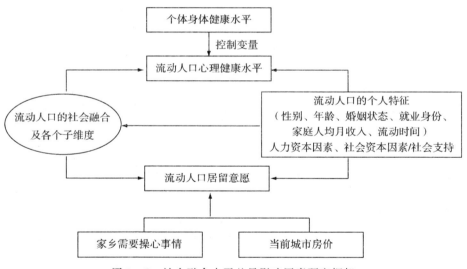

图 3-2　社会融合水平差异影响因素研究框架

对于流动人口的心理健康水平，本研究准备分为两个方面进行测量。首先是对生活满意度的测量。生活满意度是心理健康水平重要的表现形式，Berry 曾将生活满意度作为移民社会融合的结果进行测量。本研究借鉴这种测量方法，利用生活满意度量表（the satisfaction with life scale）来测量流动人口的生活满意度。量表包含 5 道题目：下列有 5 个关于您对生活看法的叙述，请您根据自己的真实情况，将您的同意程度或不同意程度如实地圈出来，请选择相应数字（1，2，3，4，5，6，7）。（1）我的生活在大多数方面都接近于我的理想；（2）我的生活条件很好；（3）我对我的生活是满意的；（4）迄今为止，我在生活中已经得到了我想要得到的重要东西。（5）假如生活可以重新再过一次的话，我基本上不会做任何改变。

本研究采用七点 Likert 式测量（1＝"非常同意"至 7＝"非常不同意"），请流动人口依据自己目前的状态进行选择，以五道题得分相加后的均值为结果，结果分数越高，代表流动人口对生活的满意度越高。已有研究者运用此量表调查我国流动人口，结果证明该量表对生活满意度的测量效果良好，各题目具有较高的区分度，信度达到 0.804，适合使用于调查我国的流动人口群体。

心理健康水平不仅需要测量正面情绪，还需要测量负面情绪。一个人不太可能既对自己的生活满意度较高，又长时间沉溺于负面情绪状态中，所以同时测量这两个维度能更好地反映流动人口的心理健康水平。调查问题为"下面的问题是询问您过去 30 天中的情绪。回答每一个问题时，请选出最能描述这种情绪的出现频率的数字。在过去 30 天中，您经常会感到：（1）紧张？（2）绝望？（3）不安或烦躁？（4）太沮丧以至于什么都不能让您愉快？（5）做每件事都很费劲？（6）无价值？"。题目中的"做每件事都很费劲"代表"无力"这一消极情绪状态。本研究对每种消极的情绪状态采用五点 Likert 式测量（1＝"全部时间"，2＝"大部分时间"，3＝"一部分时间"，4＝"偶尔"，5＝"无"，数据处理时进行反向赋分），以六道题得分相加的均值为结果，结果分数越高，说明流动人口的情绪状态越差，流动人口处于负面情绪的时间越长。

流动人口的社会融合状态好，代表着其对当前社会适应良好并认同，有能力经营现在的生活，对生活的满意度较高，负面情绪的状态较少。

具体的研究假设如下：

a. 流动人口社会融合度越高，其生活满意度越高。

b. 流动人口社会融合度越高，其负面情绪越少。

影响流动人口心理健康的身体健康水平由流动人口的个体进行自我评估。调查问题为"总体来说，您的健康状况是怎样的？"（1＝"非常好"，2＝"很好"，3＝"好"，4＝"一般"，5＝"差"，计算时进行反向赋值）。

本研究用样本中各城市 2014 年的平均房价（万元/平方米）表征。影响流动人口居留意愿的城市房价情况。

对于影响流动人口居留意愿的家乡需要操心事件，调查问题为："目前在老家，主要有哪些事情让您操心？A. 老人赡养，B. 子女照看，C. 子女教育费用，D. 配偶生活孤独，E. 干活缺人手，F. 家人有病缺钱治，G. 土地耕种"。对于每个选项，存在的话则赋值 1，不存在则赋值 0。

需要一提的是，本研究在调查社会资本因素对流动人口心理健康水平的影响时，对社会资本因素进行了补充，以调查流动人口在状态不好时是否会获得家人或朋友的开导与支持。调查问题为"您觉得情绪低落心里特别难受时，是否会找朋友或家人聊天，说出自己的痛苦?"（1＝"会"，0＝"不会"）。本研究将以上变量作为控制变量放入分析模型。

在流动人口心理健康衡量指标确定的基础上，样本个体生活满意度的基本情况见表 3 - 1。

表 3 - 1 流动人口的生活满意度评价 （单位:%）

题目	累积比例 （向右累加）		
	不同意类	中间项	同意类
生活大多方面接近于自己的理想	22.3	47.4	100
生活条件是好的	25.1	53.5	100
对生活满意	19.7	43.2	100
已得到自己认为重要的东西	28.6	51.4	100
假如生活重来的话，基本不会做出改变	36.2	54.8	100

从数据样本的比例总结中可以看出，在流动人口生活满意度量表的五个题目上，选择"不同意"和选择中间项的人数约占 50% 或更高，即仅有约一半的流动人口对自己的生活满意。总体来说，流动人口对自己的生活满意度比较低。

在流动人口的负面情绪的调查中，对于紧张、烦躁不安、沮丧、无力四种情绪分别的选择，选择最近"一部分时间""大部分时间"或"完全处于这些情绪状态中"的个体均占总样本的 10% 以上，认为自己紧张与烦躁不安的个体达到了 15%。虽然这一调查没有与非流动人口样本进行对照，但仍说明不少流动人口个体较长时间处于负面情绪状态中。

本研究以流动人口的社会融合总水平为自变量，以流动人口的生活满意度和负面情绪水平为因变量，以流动人口的个人特征、人力资本因素、社会支持因素、身体健康水平为控制变量，利用多元回归模型进行数据分析，回归分析结果见表 3 - 2。模型拟合良好，F 值显著，代表着模型解释力的 Adjusted R^2 为 0.258 和 0.220。通过模型结果可以看出，本研究关注的社会融合影响因素的影响较明显，选择的不少控制变量的影响较大。

表 3－2　社会融合总水平对心理健康的影响

		生活满意度		负面情绪状态	
		系数	标准误	系数	标准误
控制变量	性别（对照组：女）				
	男	−0.063***	0.019	−0.011	0.008
	年龄	0.008***	0.001	−8.332E−4	0.001
	婚姻状态（对照组：未婚）				
	已婚	0.139***	0.028	−0.035**	0.012
	流动时间	2.234E−4	1.947E−4	−2.456E−4**	8.30E−5
	就业身份（对照组：雇员）				
	雇主	0.216***	0.038	0.004	0.016
	自营劳动者	0.103***	0.024	0.014	0.010
	家庭在本地平均每月总收入	0.106***	0.015	−0.002	0.007
	教育水平（对照组：未上过学）				
	小学	0.109	0.113	−0.001	0.048
	初中	0.029	0.110	1.072E−5	0.047
	高中	−0.011	0.111	0.053	0.047
	大学专科	−0.024	0.114	0.060	0.049
	大学本科	−0.089	0.119	0.089	0.051
	研究生	−0.032	0.172	0.060	0.073
	是否参加老乡会，同学会、工会、家乡商会等各类组织	−0.015	0.022	0.082***	0.009
	遇到问题找家人或朋友倾诉	0.110***	0.019	−0.026***	0.008
	身体健康水平	0.163***	0.010	−0.073***	0.004
观测变量	观测社会融合总水平	0.026***	0.001	−0.007***	2.985E−4
	常数	1.780***	0.129	2.277***	0.055
	F 值	144.102***		67.853***	
	Adjusted R²	0.258		0.220	

注："＊＊＊"表示 0.001 水平上显著，"＊＊"表示 0.01 水平上显著，"＊"表示 0.05 水平上显著。

在控制变量中，与以往研究相一致的是，男性流动人口呈现出比女性流动人口更低的生活满意度，因为男性流动人口往往在城市生活中承担更多的生存压力。已婚的流动人口个体比未婚的流动人口个体表现出更高的生活满意度和更少的负面情绪状态，可见配偶（或家庭）这个微观支持系统对流动人口在新城市中生活有重要影响。

与以往研究不一致的是，流动人口年龄越大，其表现出的生活满意度越高。流动人口年龄越大，其心理状态就越成熟，积累的社会资源和财富就越多，无论在社会支持还是实际生活水平方面都可能达到更好的状态，因此其对生活的满意度更高。流动人口在城市的流动时间与流动人口的负面情绪状态呈现显著的负相关也验证了这一点。

在经济收入方面，较高的经济收入会给流动人口带来较高的生活质量，因此经济收入与流动人口对生活的满意度呈现正相关。同时，因为雇主和自雇营业者比雇员表现出更高的生活满意度，而雇主和自雇营业者在工作状态上更自由，雇员在工作中会更多地受到来自雇佣者和工作本身的压力，还可能遇到工资拖欠等问题，这都不利于雇员内心对当前生活状态的认同。

除了个体特征，数据结果还充分验证了社会支持与身体健康两项因素对流动人口心理健康存在显著影响：遇到问题找家人或朋友倾诉能够有效帮助流动人口排解内心的负面情绪，使流动人口获得理解、鼓励与支持，帮助流动人口走出消极状态。而身体健康水平是物理性的客观因素，影响着流动人口的心理状态。如果流动人口的身体健康水平较高，那么流动人口对生活的满意度也较高；如果身体较差，流动人口很可能会产生无力、气愤、抑郁等负面情绪。社会网络这一因素与流动人口的负面情绪状态呈现出显著的正相关。有效的倾诉与支持可以减少流动人口的负面情绪，但一般性社会网络并不完全起到良性作用。这符合波茨等人的观点：社会网络既可以是支持源，又可以是压力源，人际关系紧张是精神健康的重要风险因素。[1]

关于社会融合对心理健康的影响，数据结果显示，社会融合与流动人口的生活满意度呈现显著的正相关，与流动人口的负面情绪状态呈现显著的负相关。这充分证明社会融合水平在一定程度上能够影响与改变流动人口的心理健康状态。较高的社会融合度代表流动人口认为自己城市生活各个维度上适应良好，这样的感受使流动人口对当前生活报以积极和满意的评价，同时能够有效减少与抵御负面情绪的干扰。

从各子维度来看，分析结果见表3-3。以流动人口社会融合的各子维度为自变量，以流动人口的生活满意度和负面情绪水平为因变量，同样加入控制变量，利用多元回归模型进行数据分析。模型拟合良好，F值显著，代表着模型解释力的 Adjusted R^2 为 0.296 和 0.229。

---

① 何雪松，黄富强，曾守锤. 城乡迁移与精神健康：基于上海的实证研究 [J]. 社会学研究，2010 (1)：111-129，244-245.

表 3 - 3 社会融合子维度对心理健康的影响

		生活满意度		负面情绪状态	
		系数	标准误	系数	标准误
控制变量	性别（对照组：女）				
	男	−0.074***	0.019	−0.011	0.008
	年龄	0.007***	0.001	−0.001	0.001
	婚姻状态（对照组：未婚）				
	已婚	0.134***	0.028	−0.037**	0.012
	流动时间	3.884E−4*	1.947E−4	−2.589E−4**	8.30E−5
	就业身份（对照组：雇员）				
	雇主	0.194***	0.037	0.006	0.016
	自营劳动者	0.114***	0.023	0.014	0.010
	家庭在本地平均每月总收入	0.082***	0.015	−0.006	0.007
	教育水平（对照组：未上过学）				
	小学	0.081	0.111	0.005	0.048
	初中	−0.010	0.107	0.013	0.047
	高中	0.042	0.109	0.067	0.047
	大学专科	−0.041	0.111	0.078	0.048
	大学本科	−0.110	0.116	0.107*	0.051
	研究生	−0.118	0.168	0.078	0.073
	是否参加老乡会、同学会、工会、家乡商会等各类组织	−0.015	0.021	0.080***	0.009
	遇到问题找家人或朋友倾诉	0.092***	0.019	−0.027***	0.008
	身体健康水平	0.162***	0.010	−0.076***	0.004
观测变量	经济融合	0.233***	0.006	−0.035***	0.003
	文化融合	0.032	0.019	−0.104***	0.008
	社会交往	0.110***	0.011	−0.059***	0.005
	身份认同	0.267***	0.023	0.008	0.010
观测变量	常数	1.669***	0.138	2.598***	0.060
	F 值	161.939***		63.083***	
	Adjusted R²	0.296		0.229	

注："＊＊＊"表示 0.001 水平上显著，"＊＊"表示 0.01 水平上显著，"＊"表示 0.05 水平上显著。

从表 3-3 可以看出，社会融合的各个子维度基本都与流动人口的生活满意度呈现正相关，与负面情绪状态呈现负相关。这再次证明社会融合对心理健康有正向影响，可以提高流动人口的生活满意度，降低流动人口的负面情绪状态。

经济融合与生活满意度呈现显著的正相关，与负面情绪状态呈现显著的负相关。流动人口来到流入地的重要原因之一是赚钱，如果其经济地位符合预期，那么流动人口会对当前生活表现出较高的满意度；如果流动人口的经济地位较低，那么流动人口会感受到较大的经济压力，难以达到改善生活、获得更多经济收入的初衷，更别说给予家乡的亲人更多支持，这可能使流动人口陷入负面情绪状态。将流动人口的收入水平作为控制变量纳入模型后，经济融合子维度对心理健康水平的影响依然非常显著，这再次从侧面证明本研究探究心理层面社会融合的意义。同时，流动人口经济融合子维度对个体的负面情绪状态有显著影响，而收入水平只影响个体的生活满意度，并没有对负面情绪状态产生影响，这表明收入情况与个体经济融合的差异。

代表与本地人是否相处融洽的社会交往子维度与流动人口的生活满意度呈现显著的正相关，与负面情绪状态呈现负相关。与本地人的接触在流动人口的日常生活中无处不在，与本地人的相处情况一方面影响流动人口在城市中的现状，如和同事、雇主、社区居委会、房东等人的关系在很大程度上决定个体的工作状态与生活状态，这些社会交往会影响流动人口的心理状态；另一方面，与本地人的关系情况影响流动人口对自己的评价，相处融洽会提升流动人口的存在感与价值感，与本地人相处的不融洽可能会使流动人口对自己产生怀疑和否定，进而产生失望、低落等负面情绪。

文化融合子维度与流动人口负面情绪状态呈现显著的负相关。新城市文化的习得可以使流动人口减少对新环境的不适应感，减少因文化差异而出现的内心拉扯和焦虑、不适等情绪。这与西方研究者的观点一致，移民在原来迁出地习得的文化规则、价值观念和文化实践在迁入地很可能不适用，但移民对新的文化规则尚不熟悉，由此会导致不适应感，那些接受或回应文化差异比较困难的人更容易出现心理痛苦。但研究结果显示，更好的文化融合并没有为流动人口带来更高的生活满意度。可见，流动人口对新环境的适应很可能只是不得已的选择，流动人口对家乡的文化与传统可能更认同。从内心感受的角度讲，高水平的文化融合的确能够减少流动人口在新城市的不适，但这并不代表新的城市文化真正走进了流动人口的内心。

在身份认同的子维度上看，个人是城市中一员的身份认同使得流动人口个体的生活满意度显著提高。这样的身份认同无疑会为流动人口带来较高的归属感与存在感，这些正面的感受与情绪都会促进流动人口的心理健康。但是，较低的身份认同并没有为流动人口带来明显的负面情绪。一方面这说明流动人口的负面情绪更受到经济、文化、社会交往等与实际接近的融合维度的影响；另一方面，对于只想在城市赚钱，之后就离开的流动人口个体而言，身份认同对他们也许没有那么重要，身份认同感较低也不会引发他们过高的负面情绪。

综上所述，无论社会融合的总水平还是各个子维度的水平，都对流动人口的心理健康存在显著影响，流动人口社会融合的水平越高，其生活满意度越高，存在的负面情绪越少。各子维度对生活满意度和负面情绪的影响不尽相同。

第三节 社会融合与流动人口的居留意愿分析

对于流动人口的居留意愿，本研究从两个方面进行调查，一是流动人口想不想在接下来的较长时间内在当前城市居留，二是流动人口愿不愿意落户到当前城市，并在这里一直定居下去。两个问题代表的居留意愿程度不同，但都影响流动人口未来的迁移决策。调查问题为"您是否打算在本地长期居住（5年以上）？"（1＝"打算"，2＝"不打算"，3＝"没想好"，计算时将前两个选项进行反向赋分0与1）及"按当地政策，您是否愿意把户口迁入本市？"（1＝"是"，2＝"否"，计算时将两个选项进行反向赋分0与1）。流动人口的社会融合度在一定程度上决定着流动人口的居留意愿。

具体的假设如下：

a. 流动人口社会融合度越高，打算在本地长期居住者的比例越大。

b. 流动人口社会融合度越高，愿意将来落户到当前城市者的比例越大。

加入度探讨社会融合度对流动人口心理健康影响时的各类控制变量，本研究对流动人口的居留意愿从在当前城市长期居住的意愿（5年以上）和将户口迁入当前城市并定居的意愿两个方面进行调查。样本中个体的城市居留意愿情况见表3-4。

表 3-4 流动人口的居留意愿

		数量（人）	频率（%）	累计频率（%）
长期居住意愿	打算	9455	59.1	59.1
	不打算	1802	11.3	70.4
	没想好	4741	29.6	100.0
户口迁入意愿	是	7934	49.6	49.6
	否	8064	50.4	100.0

从表3-4可以看出，在所调查的样本中，近六成的流动人口个体打算在城市长期居住，约一半的流动人口期望按照当地政策将户口迁入城市并定居，另一半不愿意定居在城市。在我国当前城镇化发展战略与鼓励农村人员进入城市的背

景下，这样的数据并不乐观。

　　以流动人口的社会融合总水平为自变量，以流动人口的长期居住意愿和户口迁入意愿为因变量，以流动人口的个人特征、人力资本因素、社会资本因素、家乡操心事情和当前城市房价水平为控制变量，利用 Logistic 回归模型进行数据分析。① 回归分析结果见表 3-5。整个模型拟合良好，sig 值小于 0.001，代表着模型解释力的 Nagelkerke R2 为 0.319 和 0.266。通过模型结果可以看出，本研究关注的社会融合水平影响因素的作用明显，选择的不少控制变量起到较大影响作用。

表 3-5　社会融合总水平对于居留意愿的影响

		长期居住		户口迁入	
		系数	标准误	系数	标准误
控制变量	性别（对照组：女）				
	男	0.060	0.059	0.020	0.036
	年龄	-0.003	0.005	-0.011***	0.003
	婚姻状态（对照组：未婚）				
	已婚	1.138***	0.095	0.324***	0.056
	流动时间	0.010***	0.001	0.003***	3.722E-4
	就业身份（对照组：雇员）				
	雇主	0.829***	0.153	0.017	0.072
	自营劳动者	0.744***	0.083	0.115**	0.045
	家庭在本地平均每月总收入	0.604***	0.112	0.102*	0.037
	教育水平（对照组：未上过学）				
	小学	0.241	0.307	0.390	0.224
	初中	0.519	0.298	0.529*	0.218
	高中	0.884**	0.303	0.754***	0.220
	大学专科	1.188***	0.313	1.060***	0.225
	大学本科	1.197***	0.335	1.372***	0.238
	研究生	2.112**	0.797	1.599***	0.404
	是否参加老乡会，同学会、工会、家乡商会等各类组织	0.182**	0.067	0.080*	0.041
	家乡操心事情之老人赡养	0.069	0.067	0.081*	0.041
	家乡操心事情之子女照看	-0.680***	0.094	-0383***	0.061
	家乡操心事情之子女教育费用	-0.145	0.101	-0.016	0.065

---

① 唐丹. 流动人口社会融合心理测量方法与数据的使用：基于 2013 年流动人口动态检测 [J]. 人口与经济，2015 (5)：25-30.

续　表

		长期居住		户口迁入	
		系数	标准误	系数	标准误
控制变量	家乡操心事情之配偶生活孤独	−0.805***	0.152	−0.731***	0.126
	家乡操心事情之干活缺人手	0.064	0.086	−0.049	0.052
	家乡操心事情之家人有病缺钱治	0.134	0.078	0.310***	0.047
	家乡需要操心事情之土地耕种	−0.185*	0.079	−0.042	0.049
	当前城市房价	0.003	0.022	−0.388***	0.014
观测变量	社会融合总水平	0.023***	0.002	0.022***	0.001
	常数	−1.910***	0.970	−2.802***	0.249
	−2LL^f 值	7682.808***		18213.212***	
	Adjusted R^2	0.319		0.266	

注："＊＊＊"表示 0.001 水平上显著，"＊＊"表示 0.01 水平上显著，"＊"表示 0.05 水平上显著。

在控制因素中，数据结果显示，年龄因素呈现出了对户口迁入意愿的负向影响作用，这很有可能与个体年龄越大对家乡越怀恋及对将户口迁入当前城市所涉及的实际情况有更加清楚的认识有关。已婚个体表现出更高的长期居住意愿和户口迁入意愿，一方面，这可能与已婚个体生活状态稳定、配偶就在本地及想把配偶接来本地的意愿有关；另一方面，这符合在流入地的生活给流动人口家庭带来的预期收益高于返回流出地这项数据。流动人口在当前城市居留的时间越长，其愿意长期居住在城市和将户口迁入城市的比例越高，对环境的熟悉程度无疑会在流动人口考虑是否在当前城市长期居住或是迁入户口时起到促进作用。雇主和自营劳动者身份的流动人口比雇员身份的流动人口表现出更高比例的城市居留意愿，这证明雇主和自雇营业者在城市有更好的工作与生活状态，因此其更倾向于留在城市。①

流动人口在城市的经济收入越高，其愿意长期留在城市和将户口迁入城市的比例越高，这与新古典经济学认为的个体追求生命利益成本最大化的现象吻合。另外，人力资本因素、社会资本因素与居留意愿呈显著的正相关，较高的受教育水平和较强的社会网会使流动人口在城市获取更多的工作机会，赚取更多的收入，拥有更多的社会资源和社会支持，这都使得流动人口愿意留在城市。

值得一提的是，本研究选择的"家乡需要操心事情"与居留意愿呈显著的相关性。家乡子女的照看、家乡配偶的孤独及家乡需要耕种的土地是使流动人口回到家乡的显著因素，有这样操心事情的流动人口在城市长期居住的意愿更低。但

① 李树苗，王维博，悦中山. 自雇与受雇农民工城市居留意愿差异研究 [J]. 人口与经济，2014 (2)：12-21.

是，家乡的老人需要赡养和家乡的家人有病缺钱医治是使流动人口将户口迁入城市并长期留在城市的显著因素。可以看出，这两个因素在一定程度上都与经济收入有关，尽管家乡需要操心的事情是流动人口回到家乡的重要因素，但是家乡一些需要经济收入的情况也是流动人口留在城市的原因。

数据显示，城市平均房价越高，流动人口中愿意将来定居在城市者的比例就越低。如果流动人口在城市长期居住但将来不定居在城市，那么会选择租房子而不买房子，因此房价并不会直接影响流动人口长期居住在城市的意愿。如果将户口迁入城市并定居在城市，那么流动人口很可能会买房安家，这时城市的高房价就成为影响流动人口定居城市的显著因素。

数据结果显示，社会融合水平越高，流动人口愿意长期居住在城市及将户口迁入且定居在城市的比例就越高，这验证了研究的假设。研究中的社会融合代表的是流动人口主观层面对城市各方各面的感受，许多客观的问题和实际的因素最终会转化为流动人口对城市的内在认知，从而影响流动人口是否留在城市的意愿和决策。在当前我国城镇化的大背景下，从社会融合的角度看，流动人口真正从主观层面上认可和融入城市并不容易。

从各子维度来看，分析结果见表 3-6。以流动人口社会融合的各个子维度为自变量，以流动人口的长期居住意愿和户口迁入意愿分别为因变量，以流动人口的个人特征、人力资本因素、社会资本因素、家乡操心事情和当前城市房价水平为控制变量，利用 Logistic 回归模型进行数据分析。整个模型拟合良好，sig 值小于 0.001，代表着模型解释力的 Nagelkerke R2 为 0.333 和 0.275。

表 3-6 社会融合各子维度对于居留意愿的影响

		长期居住		户口迁入	
		系数	标准误	系数	标准误
控制变量	性别（对照组：女）				
	男	0.074	0.060	0.024	0.036
	年龄	−0.003	0.005	−0.012***	0.003
	婚姻状态（对照组：未婚）				
	已婚	1.033***	0.096	0.323***	0.056
	流动时间	0.010***	0.001	0.003***	3.746E−4
	就业身份（对照组：雇员）				
	雇主	0.843***	0.154	0.021	0.072
	自营劳动者	0.755***	0.084	0.125**	0.045
	家庭在本地平均每月总收入	0.649***	0.115	1.174**	0.037
	教育水平（对照组：未上过学）				

		长期居住		户口迁入	
		系数	标准误	系数	标准误
控制变量	小学	0.278	0.311	0.424	0.226
	初中	0.522	0.302	0.552**	0.220
	高中	0.843**	0.307	0.756***	0.222
	大学专科	1.115***	0.318	1.048***	0.227
	大学本科	1.116***	0.339	1.357***	0.240
	研究生	1.965*	0.802	1.548*	0.407
	是否参加老乡会、同学会、工会、家乡商会等各类组织	0.162*	0.067	0.067	0.041
	家乡操心事情之老人赡养	0.063	0.068	0.080	0.041
	家乡操心事情之子女照看	−0.654***	0.095	−0365***	0.061
	家乡操心事情之子女教育费用	−0.125	0.101	−0.011	0.066
	家乡操心事情之配偶生活孤独	−0.781***	0.154	−0.739***	0.127
	家乡操心事情之干活缺人手	0.073	0.086	−0.041	0.053
	家乡操心事情之家人有病缺钱治	0.108	0.078	0.301***	0.047
	家乡需要操心事情之土地耕种	−0.169*	0.079	−0.037	0.049
	当前城市房价	0.019	0.022	−0.397***	0.014
观测变量	经济融合	−0.013	0.018	0.031**	0.011
	文化融合	0.419***	0.059	0.167***	0.037
	社会交往	0.236***	0.031	0.194***	0.020
	身份认同	0.647***	0.084	0.588***	0.045
	常数	−2.841***	0.400	−3.104***	0.275
	−2LLᶠ值	7584.59***		18096.695***	
	Adjusted R²	0.333		0.275	

注："***"表示0.001水平上显著,"**"表示0.01水平上显著,"*"表示0.05水平上显著。

社会融合的各个子维度基本都呈现出与流动人口居留意愿的正相关性,即各个子维度上的社会融合度越高,流动人口留在城市的比例就越大。

在文化融合的子维度上,文化融合度越高,流动人口长期居住在城市或将户口迁入城市的意愿就越大。文化融合代表的是流动人口对城市文化、行为和价值观念等方面的适应程度和认可程度,这其中涉及流动人口在家乡文化与城市文化之间的选择和切换。更接受城市文化的个体在选择长期生活在城市时会有更少的不适应感或更多的认同感，这是个体选择要长期留在城市时考量的重要影响因素。如果对城市文化非常不适应或对家乡的文化非常眷恋，流动人口选择留在城市的可能性会降低；如果对城市文化适应良好，那么流动人口很可能选择留在新的文化体系中，进一步实现自己文化观念和文化行为的蜕变。

社会交往的融合度越高，流动人口选择长期居住在城市或将户口迁入城市并定居的比例就越高。与城市居民交往的融洽程度决定了流动人口个体在当前城市生活上的人际舒适程度。人是社会型动物，与其他个体的接触和交往必不可少。如果个体感觉自己不受当前所在群体其他个体的礼遇和喜欢，就会有离开该群体的欲望；如果个体与当前所在群体相处舒适、交往融洽，无形的情感力量就会促使个体留在该群体。另外，从现实角度看，流动人口与本地人交往融洽，会增加流动人口在实际生活中建立社会网络、获得各类信息与资源的机会，使流动人口更好地在城市中生活，从而使流动人口想长期居住或定居在城市。

在身份认同子维度上，如果流动人口将自己看作城市的一部分，那么其长期居住在城市或将户口迁入城市的意愿就会较大。身份认同的本质是流动人口的城市归属感与存在感。身份认同度低会使得流动人口将自己在城市的目标只定位于赚钱，之后其会离开城市。但如果身份认同度较高，流动人口就会将自己的个人生活、发展与这座城市紧密相连，这种主人翁的意识会使其以更高的积极性和能动性来面对城市生活，形成良性循环，流动人口会更愿意留在这个城市。

经济融合子维度在长期居住和户口迁入两个因变量上表现出了不太一致的影响关系。数据结果显示，经济融合的水平越高，流动人口越倾向选择户口迁入城市并定居。经济融合水平反映了流动人口的社会经济地位，以及与当前城市居民的经济差距。这是流动人口判断自己是否在城市生存与发展的依据，因此，如果有机会，流动人口会愿意将户口迁入城市，定居在城市。但经济融合水平与流动人口在城市长期居住的意愿表现出了不太显著的负相关。一方面，如果流动人口在城市收入较不错，那么其很可能考虑进一步流动到更好的城市；另一方面，赚取了一定金钱的流动人口很可能考虑返回到家中。因此，经济融合水平会与在城市的长期居住意愿上呈现一定的负相关。

综上所述，无论是从总水平上看还是从各个子维度上看，流动人口的社会融合意愿显著影响着流动人口在城市的居留意愿。融合水平越高，流动人口在城市长期居住或是将户口迁入城市、定居在城市的意愿就越高。

第四章　流动人口的居住融入发展研究

城市的快速发展让越来越多的农村人口涌入城市。农村人口的涌入在为城市发展提供重要劳动力的同时，加大了城市人口居住空间的压力。住房是人们生活的重要空间，社会阶层分化导致的流动人口居住空间被隔离不利于城市社会的稳定发展。因此，有关部门要做好城市流动人口的居住融入工作，为流动人口提供等同的城镇化服务。本章分析了流动人口在城市中的居住隔离情况，为推进城市流动人口居住融入工作提供了相应的对策。

第一节　流动人口居住现状分析

与户籍人口相比，流动人口的居住条件非常简陋。2010 年北京第六次人口调查数据显示，在北京市居住半年以上的外来流动人口家庭户有 49.5 万，其中 68.5％的家庭居住的是平房，平均每户住房间数为 1.4 间，仅为全市平均水平的一半；人均住房面积为 10.7 平方米，比全市平均水平少 10.3 平方米。北京市的流动人口家庭户中有 59.4％的家庭住房内无厨房，82.3％的家庭无洗澡设施。[①] 城市流动人口获得住房的选择不多，其获得住房的能力也有限，这与房价过高、流动人口工资偏低及工作不稳定等因素有关。集体户的流动人口主要由雇用单位解决住房问题，非集体户的流动人口则多以租赁的形式解决住房问题。

流动人口的住房类型与他们从事的行业有关，从事制造业的流动人口主要集中在劳动密集型行业，如皮鞋、玩具、服装、眼镜、电池、电子元器件等，这部分流动人口以未婚女青年居多，她们多居住于工厂提供的集体宿舍。建筑业也是流动人口比较集中从事的行业，以男性劳动力为主。这类行业有较大的流动性，工人多居住于单位搭建的临时集体宿舍或工棚。从事商业、服务业的流动人口的住房类型比较复杂，有的人居住于雇主家中，有的人居住于亲友提供的住房中，更多的人则是租住出租房。

---

① 张子珩. 中国流动人口居住问题研究［J］. 人口学刊，2005（2）：16-20.

第二节　流动人口居住隔离及其影响

一、流动人口居住区隔离的原因

（一）社会因素

（1）城市规划不合理。从城市规划角度看，大中城市多已进入"后工业化"阶段，市区大力发展商业、现代服务业等第三产业，而将工业企业逐步迁移至城市外围。[①] 生产力重新布局客观上影响了城市空间结构的调整，导致城市工业区往往远离城市特别是大城市中心。而外来产业工人宿舍多数由企业提供，企业自然将园区宿舍选择在距离工作地点较近之处，外来产业工人很难按照个人意愿选择居住地，自然就产生了与城市居民居住空间分隔的状况。与城中村不同的是，园区中居住的外来产业工人数量庞大，同质性较强，居住者成分较为单一，园区宿舍所处地理空间位置较为偏僻，与周边城镇及市中心交通不便，由此所产生的外来人口居住隔离现象也更为严重。

（2）社会管理体制不合理。社会管理体制包括一些具体的制度安排，如住房制度、户籍制度、有关外来人口管理制度等。其中，住房制度改革是造成城市空间分异或隔离的直接力量。住房制度改革最重要的一个特征就是市场化。市场化本身没有错，但在市场化的过程中，由于市场机制的不成熟和相关的规则与秩序没有建立，导致住房市场的市场化程度过高，住房的公共产品特征被忽略。由于经济地位的弱势，外来人口无法通过市场途径获得住房，在政府提供公共住房不足的情况下，外来人口在住房获得过程中就会处于市场和政府政策的双重边缘地位。

户籍制度在决定城乡身份的同时，决定了外来人口（尤其是农民工群体）在城市中的空间位置。因为户籍和外来人口自身人力资本的原因，他们中的许多人无法进入主要劳动力市场，只能分布于半熟练的体力劳动力市场和普通劳动力市场中。处于这种劳动力市场中的个体收入低并且面临着很高的职业调整概率，他们的职业流动通常是一种低水平的重复流动或向下的流动。由于处于劳动力市场中的不利位置、收入水平低下，外来人口一般只能居住在单位提供的集体宿舍、"城中村"或城乡接合部的出租屋中，形成外来人口在空间上的独特布局。

（二）个人因素

（1）经济水平。从经济角度看，外来人口的经济收入不乐观，平均工资普遍

---

① 马潇岚，殷洁. 城市外来产业工人居住隔离与社会融合问题研究：基于河北省石家庄市的实证分析 [J]. 上海城市规划，2016（2）：30-34.

较低，人均收入在 2500 元/月左右，租房可支付能力较低。[①] 虽然进城务工会使收入增加，但市中心过高的租房费用决定其难以在市中心找到合适的租住房源。市中心租房费用过高，超出其生活支出预算，而城中村或工业园区住房花费平均 200 元/月，外来人口经济竞争力不足，其必然被困囿于低档、廉价的城中村、城乡接合部的出租屋或工业园区的宿舍。

（2）外来人口的心理疏离。外来人口的空间选择过程中也存在一些主动疏离，他们往往基于共同的文化观念或共同的关系网络而聚居在一起。空间具有一定的文化象征意义，一定的文化价值观念在城市空间形成过程中会起到不可忽视的作用。外来人口群体拥有一整套长久以来形成的已经内化的价值观念、文化传统和生活方式，体现于城市空间上便是主动选择并以聚居的形式居住于城市中的特定场所。

虽然主动疏离的做法在外来人口城市空间选择过程中占有一定分量，但对于大多数外来人口而言，这更多的是一种被动无奈的选择。这种被动和无奈一方面来自个体自身特征，由于普遍较低的人力资本和较少的人际关系网络，外来人口在职业空间中处于边缘位置，经济地位的边缘化导致其在其他空间资源分配中的边缘性；另一方面，这种被动选择受到社会环境的影响，城市的政策、本地居民的歧视使外来人口在城市空间上处在与本地居民具有一定空间距离的边缘地带。

二、流动人口居住区隔离的影响

（一）阻碍流动人口在流入地城市的社会融合

外来人口在流入地基本上不与本地市民交流，他们与其他工友或老乡居住在一起，日常交往对象依次为同事或亲戚、雇主、本地居民。外来人口在日常生活中与有地域和血缘关系的人交流比较多，与本地居民交流较少。只有较少的外来人口表示参与过街道或社区组织的、与市民接触的娱乐活动，大部分人甚至从未听说过此类活动。由于生活地点的限制及个人文化属性的影响，外来产业工人很难扩大自己的生活社交范围，"孤岛化"的生活使其参加相关社会活动的机会少，参加意愿也不强烈，缺少了解城市文明的渠道，由此导致其在社会交往方面融合困难。

（二）流动人口心理融合难

社会距离越大，意味着外来人口与市民的关系越疏远，意味着外来人口不愿意与城市居民进行沟通和交流，难以形成认同感。[②] 此外，社会距离在居住空间

①　马潇岚，殷洁. 城市外来产业工人居住隔离与社会融合问题研究：基于河北省石家庄市的实证分析［J］. 上海城市规划，2016（2）：30-34.

②　徐延辉，邱啸. 居住空间、社会距离与农民工的身份认同［J］. 福建论坛（人文社会科学版），2017（11）：127-136.

与身份认同之间起着调节作用。外来人口前往城市进行劳动时，家庭背景与生活方式已经对其产生了根深蒂固的影响，若不能接受城市生活方式及行为方式，就会感到强烈的距离感与被歧视感，进而拉大其与城市居民的差距。居住隔离导致城市居民排斥或难以接纳流动人口。

（三）居住隔离容易导致城市社会不稳定

由于居住隔离，各个阶层之间的交往接触极少，不能共享彼此的价值观念等，差异性不断被强化，加剧了阶层间的对立和冲突，文化的整合功能得不到发挥，社会的不稳定性增加，造成社会动荡不安。流动人口受教育程度低，致使他们只能充当廉价劳动力，从事简单、不稳定、无保障、非熟练的低薪工作。且大多数流动人口主要居住在建筑工地、农村家庭、棚户区这些拥有过剩廉价出租房屋的城市边缘地带。而城市空间的隔离进一步恶化了贫困人口的生存空间，社会整体消费和投资日益向中上阶层聚集，同时进一步减少了贫困人口的就业机会。空间隔离极大地影响社区的稳定，物质的匮乏势必造成精神的贫困，暴力、色情、赌博、毒品这样的犯罪活动在外来人口和贫困人口聚集区屡有发生且呈上升趋势。

（四）影响外来人口的健康

流动人口聚居区的卫生条件和基础设施较为薄弱，往往成为城市卫生管理的死角，较拥挤的居住环境也不利于卫生条件和居住环境的改善，这些都成为影响流动人口健康的因素。从住房条件来看，居住设施越完善，则越不容易患有疾病。较完善的居住设施包括拥有洁净的管道自来水、能够使用管道燃气、拥有独立的洗浴卫生设施和厨房、配备了空调或集中供暖设施、拥有互联网接入服务等。而流动人口聚居区缺乏基本的公共卫生设施，居住条件不及城市其他社区，居住设施不完善，因此流动人口易患病，身体健康状况较差。

第三节　促进城市流动人口社会融入的对策

促进流动人口社会融合，既有现实紧迫性，又是一个长期过程，当前最重要的是逐步消除制度障碍，最终实现流动人口经济立足、社会接纳、身份认同、文化交融。促进流动人口融入社会的对策包括以下几个方面：

（1）改革城乡二元经济体制及相关的户籍制度，积极探索流动人口住房保障体制，将部分有条件并打算长期定居的流动人口纳入城镇住房保障体系。例如：向符合条件的流动人口提供住房融资支持；适当放宽经济适用房和廉租房的准入制度，逐步将部分低收入流动人口纳入保障范畴等。只有对原有的户籍制度及依附其上的相关福利体系进行改革，消除其对流动人口的社会排斥，才能体现社会公平，消弭流动人口对城市社会的不满甚至是敌对情绪，促进其社会融入，为城市发展营造公平和谐的环境，确保整个社会处于"绿灯运行"的稳定发展状态。

（2）改善流动人口住房条件。流动人口的住房问题是由流动人口自身支付能力和政府保障制度两方面决定的，所以要改善其住房条件，应从这两方面出发：首先，要提高流动人员的住房支付能力，在其自身技能水平一定的情况下，着力解决流动人口的工资拖欠等问题，明确农民工工资发放制度和政策，确保其收入的稳定性和可靠性；其次，从政府的角度出发，将城市流动人口住房问题纳入城市廉租房和经济适用房建设发展规划，建立更为人性化的城市住房保障体系。

（3）提供教育培训资源、累积人力资本。对于城市流动人口而言，必须从就业的角度出发，为他们提供具有针对性的教育培训资源。对于经济收入水平有限的流动人口，政府部门应联合社会组织机构以及用人单位共同出资，搭建流动人口教育培训的有效平台，切实帮助流动人口实现非农就业。而流动人口需要根据自身特点，选择符合自己教育水平和接受能力的职业进行培训，提升自身能力，累积人力资本，增加自己的就业机会。

（4）构建流动人口基本公共服务均等化政策体系。政府部门应开展各项社会融合效果评估，研究提出促进流动人口社会融合的政策框架，制订促进流动人口社会融合的行动计划；应按照《国家基本公共服务体系"十二五"规划》提出的加快建立农民工等流动人口基本公共服务均等化制度要求，建立分层、分类、有梯度的公共服务供给制度；[①] 应加强流动人口技能培训和就业服务，确立支持流动人口家庭团聚的社会经济政策导向，制定有利于保护留守儿童、留守妇女、留守老人权益的政策措施，促进流动人口家庭发展。

（5）推进社会治理模式的转变。社会融合需要政府、企业、社会的全面参与，需要人群之间的理解、尊重、包容、接纳，要有效发挥社会协同、公众参与和政府主导的互补功能，逐步建立政府主导、多元主体参与的社会治理机制和模式；要充分发挥群团组织、社会组织在覆盖流动人口、促进社会参与中的作用，及时有效地化解当前流动人口和市民心理存在的隔阂；要鼓励流动人口参加公益性、互助性社会组织，培养社会融合工作志愿者，形成全社会、全方位推进社会融合的格局。

（6）加强宣传教育，提高全民素质，改进并创建平等、和谐的社会环境。长期以来，二元社会结构中形成的城乡不平等意识仍然影响着流动人口的社会融合，长期生活在城市"福利城堡"中的市民因先赋条件而不是通过努力在获得社会资源与竞争方面占据着优势，由此所形成的"一等公民"的身份优势意识，使得他们在心理上将流动人口视作异类，在认识上表现出偏见，在行为上表现出歧

---

① 王培安. 让流动人口尽快融入城市社会 [J]. 求是，2013（7）：52-53.

视。对此，有关部门应该加强宣传教育，让他们认识到流动人口已成为城市人口的一个重要组成部分并为城市社会经济建设做出了重要贡献，自己作为二元社会体制的受益者，应当提高自身素质，善待流动人口。同时，政府要通过有计划地组织以基本生活常识、城市规章制度、法律常识等为主要内容的学习和教育活动，有效提高流动人口的城市适应性和现代意识；采取积极措施，鼓励用人单位、各类教育培训机构和社会力量开展农民工思想道德教育、文化素质教育和职业技能培训；通过提高流动人口的素质，提升其经济地位，增强其城市社会适应能力，促使其顺利融入城市社会。

（7）构建城市社区流动人口社会融合服务平台。推动政府、企业、社会等各项资源在社区有效整合，强化社区的自治和服务功能，拓展流动人口参与社区建设的渠道，丰富流动人口文化生活，搭建流动人口与城市市民互动平台。强化流动人口聚集社区的工作网络和资金支持，为流动人口融入城市社区、与城市市民和睦相处提供更加便捷、高效的服务。

在城镇化进程中，当流动人口的现居住地生活只能在制度、结构、态度三股力量联手划分的特定城市空间进行时，当他们只能"无根"漂浮、难以安居且大多只能集聚在城市脏、乱、差的角落时，当眼见、耳闻、身受隔离的流动人口心中涌起对生存发展的无力感和人生梦想的挫败感时，任何一点新的不平等和伤害，都可能埋下威胁社会稳定的巨大隐患。因此，必须警惕流动人口的居住隔离成为某种引线，避免因户籍制度引发的城乡差分与内外之别蔓延到其他方面，防止因更高的居住隔离水平而使群体内的互动加强、群体间的交往疏离，进而形成不断脱离社会主流文化并通过制度化和代际传递而习得的贫困亚文化。必须未雨绸缪、防患于未然，逐渐消解导致居住隔离的相关要素，早日实现流动人口与本地居民的和睦相处、和衷共济、安居乐业、共谋发展，推动流动人口实现在现居住地的社会融合，使其完成从"候鸟迁徙"向"筑巢"的转变。

第五章　流动人口的就业融入发展研究

就业是流动人口最关心的问题之一，也是城市社会协调发展的基础。随着我国工业化的发展，越来越多的农村人口向城市流入，这一定程度上影响了城市的就业情况。本章对流动人口的就业情况展开分析，探讨城市流动人口就业融入的影响因素。

第一节　流动人口就业状况分析

一、流动人口的就业状态

结合 2013 年全国流动人口动态监测数据，本节对我国流动人口就业状况展开分析，为研究影响我国流动人口就业的因素提供重要依据。

（一）不同地区流动人口的就业状态

见表 5 - 1，从全国范围来看，抽样的样本中 88.3％ 的流动人口处于就业状态，11.7％ 的流动人口处于无业或失业状态。由于调查抽样的对象全部为 15～59 岁劳动年龄人口，因此样本显示出我国流动人口在流入到流入地后的就业率比较高。根据我国行政划分的七大区域来看，西南地区和华东地区流动人口就业率较高，比重超过了 90％，分别高出全国平均水平 3.4 个和 2.5 个百分点；而东北地区和西北地区相对较低，分别低于全国平均水平 2.7 个和 3.9 个百分点。

表 5 - 1　我国不同区域流动人口就业状态

区域		就业状态		合计
		是	否	
东北	计数（人）	11972	2014	13986
	比重（％）	85.6	14.4	100.0
华北	计数（人）	32584	5232	37816
	比重（％）	86.2	13.8	100.0

区域		就业状态		合计
		是	否	
华东	计数（人）	46205	4657	50862
	比重（%）	90.8	9.2	100.0
华中	计数（人）	31207	3755	34962
	比重（%）	89.3	10.7	100.0
华南	计数（人）	20239	2729	22968
	比重（%）	88.1	11.9	100.0
西南	计数（人）	13568	1232	14800
	比重（%）	91.7	8.3	100.0
西北	计数（人）	19388	3574	22962
	比重（%）	84.4	15.6	100.0
全国	计数（人）	175163	23193	198356
	比重（%）	88.3	11.7	100.0

（二）不同性别流动人口的就业状态

从性别与就业状态来看，男性人口中处于就业状态的人口比重为95.8%，高于女性人口中就业人口的比重（79.6%），且高出16.2个百分点（见表5-2）；就业人口中男性人口占58.2%，高于女性人口的比重（48.1%），而在无业或失业人口中，女性人口比重高达80.8%（如图5-1所示），这说明男性比女性更容易就业，而无业或失业的人口中女性人口占大多数。

表5-2　我国分性别流动人口就业状态

区域		就业状态		合计
		是	否	
男	计数（人）	102032	4447	106479
	比重（%）	95.8	4.2	100.0
女	计数（人）	73131	18746	91877
	比重（%）	79.6	20.4	100.0

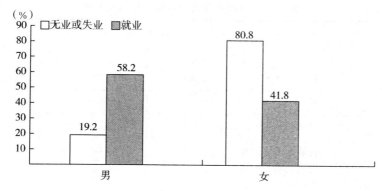

图 5 - 1　我国分性别流动人口就业状态

（三）不同年龄流动人口的就业状态

如表 5 - 3、表 5 - 4 所示，从各个年龄组就业人口所占比重来看，40～44 岁和 45～49 岁年龄组的流动人口就业率较高，甚至超过了 90%，说明这两个年龄组的流动人口就业率更高；而 50～54 岁和 55～59 岁年龄组的流动人口就业率出现较大幅度的下降。这反映出随着年龄的增加，流动人口积累的工作经验更多，可能有利于流动人口的就业；但临近退休年龄，由于生理上的限制，流动人口就业相对困难一些。我国流动人口各年龄组无业或失业状态比重如图 5 - 2 所示。

表 5 - 3　我国流动人口各年龄组就业人口比重

变量		百分比（%）
性别	女	63.43
	男	64.44
代际	1980 年前出生	60.95
	1980～1989 年出生	65.39
	1990 年后出生	68.84
民族	少数民族	77.43
	汉族	63.58
教育	小学及以下	65.51
	初中	64.3
	高中	66.45
	大专及以上	50.21

表 5 - 4　我国各年龄组流动人口就业状态

年龄组		就业状态		合计
		是	否	
15～19 岁	计数（人）	9568	1222	10790
	比重（%）	88.7	11.3	100.0
20～24 岁	计数（人）	25158	3225	28383
	比重（%）	88.6	11.4	100.0
25～29 岁	计数（人）	32889	5233	38122
	比重（%）	86.3	13.7	100.0
30～34 岁	计数（人）	30394	4431	34825
	比重（%）	87.3	12.7	100.0
35～39 岁	计数（人）	28158	3226	31384
	比重（%）	89.7	10.3	100.0
40～44 岁	计数（人）	26964	2658	29622
	比重（%）	91.0	9.0	100.0
45～49 岁	计数（人）	15030	1671	16701
	比重（%）	90.0	10.0	100.0
50～54 岁	计数（人）	4819	842	5661
	比重（%）	85.1	14.9	100.0
55—59 岁	计数（人）	2183	685	2868
	比重（%）	76.1	23.9	100.0

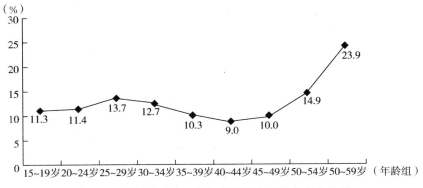

图 5 - 2　我国流动人口各年龄组无业或失业状态比重

（四）不同受教育程度流动人口的就业状态

如表5-5所示，从就业状态与流动人口受教育程度的关系来看，未上过学和受过小学教育的流动人口就业者比重仅为81.4％和85.1％，而具有大学专科以上学历的流动人口中就业者比重均超过90％，具有大学本科学历和研究生学历的流动人口中就业者比重均达到92.2％。随着受教育水平的不断提高，失业人口所占的比重不断减小，就业人口的比重不断提高，这也说明了提高受教育水平更有利于流动人口就业。

表5-5　我国各受教育程度流动人口就业状态

受教育程度		就业状态		合计
		是	否	
未上过学	计数（人）	2678	612	3290
	比重（％）	81.4	18.6	100.0
小学	计数（人）	22311	3905	26216
	比重（％）	85.1	14.9	100.0
初中	计数（人）	94903	12621	107524
	比重（％）	88.3	11.7	100.0
高中	计数（人）	27429	3139	30568
	比重（％）	89.7	10.3	100.0
中专	计数（人）	10599	1269	11868
	比重（％）	89.3	10.7	100.0
大学专科	计数（人）	11218	1140	12358
	比重（％）	90.8	9.2	100.0
大学本科	计数（人）	5633	474	6107
	比重（％）	92.2	7.8	100.0
研究生	计数（人）	33	392	425
	比重（％）	92.2	7.8	100.0

（五）不同户口性质流动人口的就业状态

如表5-6所示，从户口性质与就业状态的关系来看，无论农业户口还是非农业户口，就业人口比重均远远高于无业或失业人口比重，而且农业人口的就业人口比重（88.4％）甚至高于非农业人口的就业人口比重（87.9％），这在一定程度上能够说明，流动人口在流入地选择就业时，户口对其就业产生的影响不大。

表 5 - 6　我国不同户口性质流动人口就业状态

户口性质		就业状态		合计
		是	否	
农业	计数（人）	149927	19723	169650
	比重（%）	88.4	11.6	100.0
非农业	计数（人）	25236	3470	28706
	比重（%）	87.9	12.1	100.0

（六）不同婚姻状况流动人口的就业状态

如表 4 - 7 所示，从婚姻状况与就业状态的关系来看，无论哪种婚姻状况的人口，就业人口比重都远远高于无业或失业人口比重，甚至未婚和离婚的就业人口比重超过了 90%；与之对应的初婚和再婚人口中，处于无业或失业状态的人口比重相对较高，分别达到 13.2% 和 16.5%，这说明未婚和离婚状态下的人口在选择就业的时候不受家庭因素的制约，选择的范围比较宽泛，职业选择更加自由，可能更有利于其就业。

表 5 - 7　我国各婚姻状况流动人口就业状态

婚姻状况		就业状态		合计
		是	否	
未婚	计数（人）	40195	2759	42954
	比重（%）	93.6	6.4	100.0
初婚	计数（人）	129537	19625	149162
	比重（%）	86.8	13.2	100.0
再婚	计数（人）	2026	401	2427
	比重（%）	83.5	16.5	100.0
离婚	计数（人）	2815	283	3098
	比重（%）	90.9	9.1	100.0
丧偶	计数（人）	590	125	715
	比重（%）	82.5	17.5	100.0

（七）不同流动范围流动人口的就业状态

如表 5 - 8 所示，从流动范围与就业状态的关系来看，无论哪种流动范围，就业人口比重都远远大于无业或失业人口比重，并且均高于 85%，其中跨省流动的人口就业比重较高，达到 89.8%，省内跨市的流动人口就业比重次之，为 87.2%，这说明随着流动距离的不断增加，就业率也增加；也从另一个侧面反映出，流动距离越长，其发生流动的代价越大。如果没有更好的就业机会，流动人口就不会选择较长距离的流动。

表5-8　我国不同流动范围流动人口就业状态

流动范围		就业状态		合计
		是	否	
跨省流动	计数（人）	92849	10512	103361
	比重（%）	89.8	10.2	100.0
省内跨市流动	计数（人）	49724	7316	57040
	比重（%）	87.2	12.8	100.0
市内跨县流动	计数（人）	32590	5365	37955
	比重（%）	85.9	14.1	100.0

（八）不同流入时间流动人口的就业状态

如表5-9所示，从流入时间与就业状态的关系来看，不论流入时间的长短，就业人口的比重都变化不大，流入时间为1年左右、2～5年、6～9年和10年及以上的流动人口就业人口所占比重分别为88.6%、87.9%、88.3%和88.7%，其最大值和最小值差不到1个百分点，这说明流入时间的长短对我国流动人口就业基本不会产生影响。

表5-9　我国不同流入时间流动人口就业状态

流入时间		就业状态		合计
		是	否	
1年左右	计数（人）	51279	6582	57861
	比重（%）	88.6	11.4	100.0
2～5年	计数（人）	72364	9939	82303
	比重（%）	87.9	12.1	100.0
6～9年	计数（人）	26423	3487	29910
	比重（%）	88.3	11.7	100.0
10年及以上	计数（人）	25097	3185	28282
	比重（%）	88.7	11.3	100.0

二、流动人口的就业职业

（一）不同地区流动人口的就业职业

如表5-10所示，从不同地区来看，华中和西南地区的流动人口中选择服务行业的人员比重较高，甚至超过了 60%，东北和华北地区流动人口中选择服务行业的人员比重超过了 50%，华东、西北和华南地区流动人口中选择服务行业的人员比重分别为 42.5%、49.4% 和 45.7%，这与华中和西南地区旅游业比较发达有很大关系，服务业相对容易就业；西北、东北地区流动人口中选择其他行业的人员及无业者的比重分别排在第一、二位，均超过了 20%，在一定程度上说明西北和东北地区存在一定的剩余劳动力；华东和华南地区流动人口中普通工人及杂工的比重分别排在第一、二位，分别为 37.4% 和 27.7%，同时华东、华南和华北地区流动人口中专业技术人员的比重较高，可能是由于这三个地区经济较发达，对普通工人及杂工和专业技术人员的需求更大，流动人口选择这样的职业更容易就业。

表 5 - 10 我国不同区域流动人口就业职业分布

区域		主要职业						合计
		农林牧渔业人员	普通工人及杂工	专业技术人员	办公室工作人员	服务行业人员	其他及无业者	
东北	计数（人）	832	2212	563	185	7328	2866	13986
	比重（%）	5.9	15.8	4.0	1.3	52.4	20.5	100.0
华北	计数（人）	242	7782	2101	636	20319	6736	37816
	比重（%）	0.6	20.6	5.6	1.7	53.7	17.8	100.0
华东	计数（人）	381	19005	3392	714	21631	5739	50862
	比重（%）	0.7	37.4	6.7	1.4	42.5	11.3	100.0
华中	计数（人）	138	4686	1582	447	23014	5095	34962
	比重（%）	0.4	13.4	4.5	1.3	65.8	14.6	100.0
华南	计数（人）	571	6358	1332	400	10500	3807	22968
	比重（%）	2.5	27.7	5.8	1.7	45.7	16.6	100.0
西南	计数（人）	368	2125	593	175	9800	1739	14800
	比重（%）	2.5	14.4	4.0	1.2	66.2	11.8	100.0
西北	计数（人）	1950	3389	631	252	11339	5401	22962
	比重（%）	8.5	14.8	2.7	1.1	49.4	23.5	100.0
全国	计数（人）	4482	45557	10194	2809	103931	31383	198356
	比重（%）	2.3	23.0	5.1	1.4	52.4	15.8	100.0

（二）不同性别流动人口的就业职业

如表 5 - 11、图 5 - 3 所示，从性别角度来看流动人口的就业职业，男性人口和女性人口的就业状况既有相同点又有不同点：无论男女，选择服务行业的人员比重都较高，均超过了 50%，女性人口中选择服务行业的人员比重为 53.2%，高出男性人口中选择服务行业的人员比重 1.5 个百分点；由于生理上的差别，男性人口中普通工人及杂工和专业技术人员的比重分别为 28.9% 和 6.8%，远远高于女性人口的 16.1% 和 3.3%；而女性人口选择其他行业的人员及无业者的比重为 24.0%，大约为男性人口的 3 倍，这与女性人口中有些是随迁人口，流动原因并不以工作为主有关；农林牧渔业人员和办公室工作人员的男性人口和女性人口的比重差距不是很大。

表 5 - 11　我国不同性别流动人口就业职业分布

性别		主要职业						合计
		农林牧渔业人员	普通工人及杂工	专业技术人员	办公室工作人员	服务行业人员	其他及无业者	
男	计数（人）	2626	30809	7198	1429	55087	9330	106479
	比重（%）	2.5	28.9	6.8	1.3	51.7	8.8	100.0
女	计数（人）	1856	14748	2996	1380	48844	22053	91877
	比重（%）	2.0	16.1	3.3	1.5	53.2	24.0	100.0

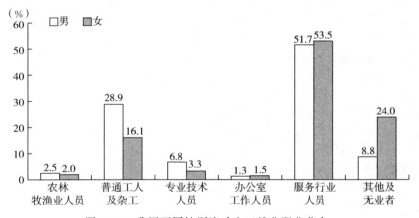

图 5 - 3　我国不同性别流动人口就业职业分布

（三）不同年龄组流动人口的就业职业

如表 5 - 12 所示，从不同年龄组选择的就业职业来看，年龄越大，选择农林牧渔业的流动人口比重越升高，这说明一方面随着年龄的增加，原本有从事农林牧渔业经验越多的农民流动人口选择农林牧渔业更容易就业；另一方面说明越来越多的年轻人主观上不愿意从事农林牧渔业的工作。各年龄组中普通工人及杂工的比重差距不是很大，只有 55～59 岁年龄组的比重（18.0%）低于 20%，这一现象的产生受年龄增加、身体状况下降等影响；25～29 岁年龄组的专业技术人员和办公室工作人员比重较高，分别为 7.5％和 2.3％；35～39 岁和 40～44 岁年龄组服务行业人员比重较高，分别占其年龄组人口比重的 55.5％和 55.4％，年龄较大或年龄较小的流动人口选择服务行业的比重有一定的下降。

表 5 - 12　我国各年龄组流动人口就业职业分布

年龄组		主要职业						合计
		农林牧渔业人员	普通工人及杂工	专业技术人员	办公室工作人员	服务行业人员	其他及无业者	
15～19 岁	计数（人）	144	2900	387	32	4729	2598	10790
	比重（％）	1.3	26.9	3.6	0.3	43.8	24.1	100.0
20～24 岁	计数（人）	343	7305	1913	419	14212	4191	28383
	比重（％）	1.2	25.7	6.7	1.5	50.1	14.8	100.0
25～29 岁	计数（人）	460	8310	2868	862	19291	6331	38122
	比重（％）	1.2	21.8	7.5	2.3	50.6	16.6	100.0
30～34 岁	计数（人）	571	7275	2112	653	18705	5509	34825
	比重（％）	1.6	20.9	6.1	1.9	53.7	15.8	100.0
35～39 岁	计数（人）	784	7261	1230	317	17418	4374	31384
	比重（％）	2.5	23.1	3.9	1.0	55.5	13.9	100.0
40～44 岁	计数（人）	1004	7039	964	256	16408	3951	29622
	比重（％）	3.4	23.8	3.3	0.9	55.4	13.3	100.0
45～49 岁	计数（人）	749	3788	473	161	9113	2417	16701
	比重（％）	4.5	22.7	2.8	1.0	54.6	14.5	100.0
50～54 岁	计数（人）	280	1163	175	72	2827	1144	5661
	比重（％）	4.9	20.5	3.1	1.3	49.9	20.2	100.0
55～59 岁	计数（人）	147	516	72	37	1228	868	2868
	比重（％）	5.1	18.0	2.5	1.3	42.8	30.3	100.0

（四）不同受教育程度流动人口的就业职业

如表 5 - 13 所示，从受教育程度与就业职业的关系来看，未上过学和受过小学教育的流动人口中选择农林牧渔业人员的比重较高，分别为 9.6％和 6.0％；受过小学和初中教育的流动人口中普通工人及杂工的比重较高，分别为 26.6％和 25.1％；具有大学专科、大学本科和研究生学历的流动人口中专业技术人员比重较高，分别为 18.2％、29.0％和 44.7％；办公室工作人员与专业技术人员的比重差不多，随着受教育程度不断提高，办公室工作人员与专业技术人员的比重越高；受过高中和中专教育的流动人口中服务业人员的比重较高，均超过了50%，分别为59.8%和51.7%；其他行业人员及无业者的比重则随着流动人口受教育程度的提高而下降，但大学本科以上学历的流动人口的就业比重没有明显下降。综上所述，受教育程度与就业职业间存在一定联系，受教育程度越高，流动人口选择的职业的专业性越强。

表 5 - 13　我国不同受教育程度流动人口就业职业分布

受教育程度		主要职业						合计
		农林牧渔业人员	普通工人及杂工	专业技术人员	办公室工作人员	服务行业人员	其他及无业者	
未上过学	计数（人）	316	736	34	5	1388	811	3290
	比重（%）	9.6	22.4	1.0	0.2	42.2	24.7	100.0
小学	计数（人）	1585	6982	375	34	11925	5315	26216
	比重（%）	6.0	26.6	1.4	0.1	45.5	20.3	100.0
初中	计数（人）	2128	27010	3008	344	58283	16751	107524
	比重（%）	2.0	25.1	2.8	0.3	54.2	15.6	100.0
高中	计数（人）	284	5685	1398	399	18290	4512	30568
	比重（%）	0.9	18.6	4.6	1.3	59.8	14.8	100.0
中专	计数（人）	77	2582	1164	270	6140	1635	11868
	比重（%）	0.6	21.8	9.8	2.3	51.7	13.8	100.0
大学专科	计数（人）	53	1864	2252	840	5773	1576	12358
	比重（%）	0.4	15.1	18.2	6.8	46.7	12.8	100.0
大学本科	计数（人）	34	680	1773	837	2053	730	6107
	比重（%）	0.6	11.1	29.0	13.7	33.6	12.0	100.0
研究生	计数（人）	5	18	190	80	79	53	425
	比重（%）	1.2	4.2	44.7	18.8	18.6	12.5	100.0

（五）不同户口性质流动人口的就业职业

如图 5 - 4、表 5 - 14 所示，从户口性质与就业职业的关系来看，农业户口流动人口中农林牧渔业人员的比重比非农业户口的流动人口中农林牧渔业人员的比重多 1.5 个百分点，选择普通工人及杂工的比重也高出非农业户口流动人口中普通工人及杂工的比重近 10 个百分点；而非农业户口的流动人口中专业技术人员和办公室工作人员的比重分别为 12.6% 和 5.7%，分别比农业户口流动人口中专业技术人员和办公室工作人员的比重多 8.7 个和 5 个百分点；服务行业人员和其他行业人员及无业者的比重没有太大差距。这说明流动人口农林牧渔业人员和普通工人及杂工的户口性质以农业户口为主，而专业技术人员和办公室工作人员的户口性质以非农业户口为主。

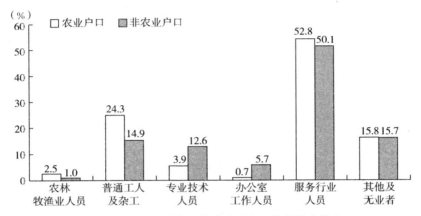

图 5 - 4　我国不同户口性质流动人口就业职业分布

表 5 - 14　我国不同户口性质流动人口就业职业分布

户口性质		主要职业						合计
		农林牧渔业人员	普通工人及杂工	专业技术人员	办公室工作人员	服务行业人员	其他及无业者	
农业	计数（人）	4206	41281	6581	1159	89556	26867	169650
	比重（%）	2.5	24.3	3.9	0.7	52.8	15.8	100.0
非农业	计数（人）	276	4276	3613	1650	14375	4516	28706
	比重（%）	1.0	14.9	12.6	5.7	50.1	15.7	100.0

（六）不同婚姻状况流动人口的就业职业

如表 5 - 15 所示，从婚姻状况与就业职业的关系来看，流动人口中再婚和丧偶人员选择农林牧渔业的比重较高，分别为 3.9% 和 3.6%，未婚人员选择农业牧渔业的比重较低，仅为 1.2%；而未婚的流动人口中普通工人及杂工的比重较高，达到 25.3%，离婚的流动人口中普通工人及杂工的比重较低，为 18.3%；未婚的流动人口中专业技术人员和办公室工作人员的比重较高，分别为 7.5% 和 1.8%，丧偶的流动人口中专业技术人员和办公室工作人员的比重较低，分别为 1.7% 和 0.7%；离婚的流动人口中服务行业人员的比重最高，为 61.3%，丧偶和再婚的流动人口中其他行业者及无业者的比重较高，分别为 22.9% 和 21.3%。

表 5 - 15　我国各婚姻状况流动人口就业职业分布

婚姻状况		主要职业						合计
		农林牧渔业人员	普通工人及杂工	专业技术人员	办公室工作人员	服务行业人员	其他及无业者	
未婚	计数（人）	515	10876	3217	774	22270	5302	42954
	比重（%）	1.2	25.3	7.5	1.8	51.8	12.3	100.0
初婚	计数（人）	3779	33481	6778	1961	78198	24965	149162
	比重（%）	2.5	22.4	4.5	1.3	52.4	16.7	100.0
再婚	计数（人）	95	487	97	31	1200	517	2427
	比重（%）	3.9	20.1	4.0	1.3	49.4	21.3	100.0
离婚	计数（人）	67	568	90	38	1900	435	3098
	比重（%）	2.2	18.3	2.9	1.2	61.3	14.0	100.0
丧偶	计数（人）	26	145	12	5	363	164	715
	比重（%）	3.6	20.3	1.7	0.7	50.8	22.9	100.0

（七）不同流动范围流动人口的就业职业

如表 5 - 16 所示，从流动范围与就业职业来看，省内跨市的流动人口和跨省流动人口中农林牧渔业人员的比重较高，分别为 2.6% 和 2.5%；跨省流动人口普通工人及杂工和专业技术人员的比重最高，分别为 28.6% 和 5.4%；办公室工作人员和其他行业者及无业者比重则是市内跨县的流动人口中最高，分别为 2.0% 和 19.0%。这说明远距离迁移流动的人口一般选择技术性较强的职业，而随迁人口一般以近距离迁移流动为主。

表 5 - 16　我国各流动范围流动人口就业职业分布

流动范围		主要职业						合计
		农林牧渔业人员	普通工人及杂工	专业技术人员	办公室工作人员	服务行业人员	其他及无业者	
跨省流动	计数（人）	2533	29515	5595	1223	50201	14294	103361
	比重（%）	2.5	28.6	5.4	1.2	48.6	13.8	100.0
省内跨市流动	计数（人）	1505	9721	2821	817	32299	9877	57040
	比重（%）	2.6	17.0	4.9	1.4	56.6	17.3	100.0
市内跨县流动	计数（人）	444	6321	1778	769	21431	7212	37955
	比重（%）	1.2	16.7	4.7	2.0	56.5	19.0	100.0

（八）不同流入时间流动人口的就业职业

如表 5 - 17 所示，从流入时间与就业职业来看，流入时间越长，流动人口中农林牧渔业人员的比重越高；而流入时间越长，流动人口中普通工人及杂工的比重越低；流动人口中办公室工作人员和服务行业人员的比重与流入时间长短关系不是很大。

表 5 - 17　我国各流入时间流动人口就业职业分布

流入时间		主要职业						合计
		农林牧渔业人员	普通工人及杂工	专业技术人员	办公室工作人员	服务行业人员	其他及无业者	
1 年左右	计数（人）	799	15707	3062	696	28905	8692	57861
	比重（%）	1.4	27.1	5.3	1.2	50.0	15.0	100.0
2～5 年	计数（人）	1283	17757	4285	1328	44278	13372	82303
	比重（%）	1.6	21.6	5.2	1.6	53.8	16.2	100.0
6～9 年	计数（人）	897	6511	1668	452	15639	4743	29910
	比重（%）	3.0	21.8	5.6	1.5	52.3	15.9	100.0
10 年及以上	计数（人）	1503	5582	1179	333	15109	4576	28282
	比重（%）	5.3	19.7	4.2	1.2	53.4	16.2	100.0

三、就业身份

（一）不同地区流动人口的就业身份

如表 5 - 18 所示，从全国范围来说，就业身份为雇员的流动人口比重最高，达 50.6%；家庭帮工者最少，占比仅为 2.6%。从不同地区、不同就业身份的人口比重来看，华东地区就业身份为雇员的人口比重很高，达到了 61.1%，而西北地区就业身份为雇员的人口比重较低，为 36.2%，各地区流动人口中雇员的比重可能与当地经济水平有关；此外，西北地区的自营劳动者与其他行业者及无业者的比重也较高，分别为 35.2% 和 17.2%。

表 5 - 18　我国不同区域流动人口就业身份比较

区域		就业身份					合计
		雇员	雇主	自营劳动者	家庭帮工者	其他及无业者	
东北	计数（人）	7360	1199	3181	148	2098	13986
	比重（%）	52.6	8.6	22.7	1.1	15.0	100.0

区域		就业身份					合计
		雇员	雇主	自营劳动者	家庭帮工者	其他及无业者	
华北	计数（人）	19349	2389	9624	904	5550	37816
	比重（%）	51.2	6.3	25.4	2.4	14.7	100.0
华东	计数（人）	31079	3079	10591	1309	4804	50862
	比重（%）	61.1	6.1	20.8	2.6	9.4	100.0
华中	计数（人）	14876	2966	11889	1218	4013	34962
	比重（%）	42.5	8.5	34.0	3.5	11.5	100.0
华南	计数（人）	12830	1814	4977	490	2857	22968
	比重（%）	55.9	7.9	21.7	2.1	12.4	100.0
西南	计数（人）	6565	1869	4721	366	1279	14800
	比重（%）	44.4	12.6	31.9	2.5	8.6	100.0
西北	计数（人）	8315	1943	8083	668	3953	22962
	比重（%）	36.2	8.5	35.2	2.9	17.2	100.0
全国	计数（人）	100374	15259	53066	5103	24554	198356
	比重（%）	50.6	7.7	26.8	2.6	12.4	100.0

（二）不同性别流动人口的就业身份

如表 5 - 19 所示，从性别与就业身份的流动人口比重来看，男性流动人口中雇员、雇主与自营劳动者的比重均高于女性流动人口，而女性流动人口中家庭帮工与其他行业者及无业者的比重远高于男性流动人口，这与女性流动人口中有些人是随迁人口，流动原因并不以工作为主有关。

表 5 - 19　我国不同性别流动人口就业身份比较

性别		就业身份					合计
		雇员	雇主	自营劳动者	家庭帮工者	其他及无业者	
男	计数（人）	58099	9585	32371	1162	5262	106479
	比重（%）	54.6	9.0	30.4	1.1	4.9	100.0
女	计数（人）	42275	5674	20695	3941	19292	91877
	比重（%）	46.0	6.2	22.5	4.3	21.0	100.0

（三）不同年龄流动人口的就业身份

如表 5 - 20 所示，从不同年龄段、不同就业身份的流动人口比重来看，15～19 岁与 20～24 岁的流动人口中雇员的比重很高，分别为 67.4% 与 68.8%；随着年龄的增加，雇主与自营劳动者的比重也会随之升高；15～19 岁的流动人口中家庭帮工的比重较高，为 4.2%；此外，15～19 岁与 55～59 岁的流动人口中其他行业者及无业者的比重均较高，分别为 21.5% 与 23.9%，即年龄较小与年龄较大的流动人口中其他行业者及无业者的比重较高。

表 5 - 20　我国各年龄组流动人口就业身份比较

年龄组		就业身份					合计
		雇员	雇主	自营劳动者	家庭帮工者	其他及无业者	
15～19 岁	计数（人）	7275	111	627	454	2323	10790
	比重（%）	67.4	1.0	5.8	4.2	21.5	100.0
20～24 岁	计数（人）	19524	1004	3715	691	3449	28383
	比重（%）	68.8	3.5	13.1	2.4	12.2	100.0
25～29 岁	计数（人）	21121	2511	8392	843	5255	38122
	比重（%）	55.4	6.6	22.0	2.2	13.8	100.0
30～34 岁	计数（人）	16288	3197	10030	869	4441	34825
	比重（%）	46.8	9.2	28.8	2.5	12.8	100.0
35～39 岁	计数（人）	13410	3155	10721	871	3227	31384
	比重（%）	42.7	10.1	34.2	2.8	10.3	100.0
40～44 岁	计数（人）	12457	2914	10818	773	2660	29622
	比重（%）	42.1	9.8	36.5	2.6	9.0	100.0
45～49 岁	计数（人）	6867	1670	6069	423	1672	16701
	比重（%）	41.1	10.0	36.3	2.5	10.0	100.0
50～54 岁	计数（人）	2285	489	1937	108	842	5661
	比重（%）	40.4	8.6	34.2	1.9	14.9	100.0
55～59 岁	计数（人）	1147	208	757	71	685	2868
	比重（%）	40.0	7.3	26.4	2.5	23.9	100.0

（四）不同受教育程度流动人口的就业身份

如表 5 - 21 所示，从不同受教育程度、不同就业身份的流动人口比重来看，

大学本科学历与研究生学历的流动人口中雇员的比重很高，分别达到了 76.9％
与 82.8％；此外，大学本科学历与研究生学历的流动人口中家庭帮工的比重很
低，分别仅为 0.8％与 0；高中及以下文化水平的流动人口中自营劳动者的比重
很高；未上过学的流动人口中其他行业者及无业者的比重最高，为 18.7％。这
些数据表明受教育程度对就业身份产生了一定影响。

表 5 - 21   我国不同受教育程度流动人口就业身份比较

受教育程度		就业身份					合计
		雇员	雇主	自营劳动者	家庭帮工者	其他及无业者	
未上过学	计数（人）	1334	178	1017	147	614	3290
	比重（%）	40.5	5.4	30.9	4.5	18.7	100.0
小学	计数（人）	11282	1766	8347	887	3934	26216
	比重（%）	43.0	6.7	31.8	3.4	15.0	100.0
初中	计数（人）	50826	8471	32234	2932	13061	107524
	比重（%）	47.3	7.9	30.0	2.7	12.1	100.0
高中	计数（人）	15695	2902	7528	719	3724	30568
	比重（%）	51.3	9.5	24.6	2.4	12.2	100.0
中专	计数（人）	7549	764	1960	239	1356	11868
	比重（%）	63.6	6.4	16.5	2.0	11.4	100.0
大学专科	计数（人）	8641	833	1499	129	1256	12358
	比重（%）	69.9	6.7	12.1	1.0	10.2	100.0
大学本科	计数（人）	4695	327	468	50	567	6107
	比重（%）	76.9	5.4	7.7	0.8	9.3	100.0
研究生	计数（人）	352	18	13	0	42	425
	比重（%）	82.8	4.2	3.1	0	9.9	100.0

（五）不同户口性质流动人口的就业身份

如表 5 - 22 所示，从不同户口性质、不同就业身份的流动人口比重来看，非
农业户口流动人口中雇员的比重最高，为 57.7％；而农业户口流动人口中自营
劳动者与家庭帮工的比重均高于非农业户口流动人口。户口性质对就业基本没有
影响。

表 5 - 22　我国不同户口性质流动人口就业身份比较

户口性质		就业身份					合计
		雇员	雇主	自营劳动者	家庭帮工者	其他及无业者	
农业	计数（人）	83801	12720	47637	4611	20881	169650
	比重（%）	49.4	7.5	28.1	2.7	12.3	100.0
非农业	计数（人）	16573	2539	5429	492	3673	28706
	比重（%）	57.7	8.8	18.9	1.7	12.8	100.0

（六）不同婚姻状况流动人口的就业身份

如表 5 - 23 所示，从不同婚姻状况、不同就业身份的流动人口比重来看，未婚的流动人口中雇员的比重最高，为 75.9%，随着婚姻状况的改变，流动人口中雇主与自营劳动者的比重基本会逐渐提高；离婚人口因为家庭的破裂，从事家庭帮工的比重急剧降低，仅为 0.7%；未婚流动人口与离婚流动人口中其他行业者及无业者的比重相对较低，分别为 9.6% 与 9.1%，说明未组建家庭的人口更倾向于工作。

表 5 - 22　我国各婚姻状况流动人口就业身份比较

婚姻状况		就业身份					合计
		雇员	雇主	自营劳动者	家庭帮工者	其他及无业者	
未婚	计数（人）	32622	1208	4094	927	4103	42954
	比重（%）	75.9	2.8	9.5	2.2	9.6	100.0
初婚	计数（人）	64715	13455	47260	4091	19641	149162
	比重（%）	43.4	9.0	31.7	2.7	13.2	100.0
再婚	计数（人）	977	244	748	56	402	2427
	比重（%）	40.3	10.1	30.8	2.3	16.6	100.0
离婚	计数（人）	1712	292	789	22	283	3098
	比重（%）	55.3	9.4	25.5	0.7	9.1	100.0
丧偶	计数（人）	348	60	175	7	125	715
	比重（%）	48.7	8.4	24.5	1.0	17.5	100.0

（七）不同流动范围流动人口的就业身份

如表 5 - 24 所示，从不同流动范围、不同就业身份的流动人口比重来看，跨省流动人口中其他行业者及无业者的比重较低，为10.6%，这在一定程度上反映出流动距离越长的人口对工作的需求越迫切。

表5-24　我国不同流动范围流动人口就业身份比较

流动范围		就业身份					合计
		雇员	雇主	自营劳动者	家庭帮工者	其他及无业者	
跨省流动	计数（人）	55239	8264	26090	2787	10981	103361
	比重（%）	53.4	8.0	25.2	2.7	10.6	100.0
省内跨市流动	计数（人）	27029	4277	16451	1490	7793	57040
	比重（%）	47.4	7.5	28.8	2.6	13.7	100.0
市内跨县流动	计数（人）	18106	2718	10525	826	5780	37955
	比重（%）	47.7	7.2	27.7	2.2	15.2	100.0

（八）不同流入时间流动人口的就业身份

如表5-25所示，从不同流动时间、不同就业身份的流动人口比重来看，流入时间越短，选择做雇员的流动人口的比重越高，其中流入时长1年左右的流动人口选择做雇员的比重最高，为61.2%；随着流入时间的增加，流动人口中雇主、自营劳动者与家庭帮工的比重都会提高；而流入时长对就业无显著影响。

表5-25　我国不同流入时间流动人口就业身份比较

流入时间		就业身份					合计
		雇员	雇主	自营劳动者	家庭帮工者	其他及无业者	
1年左右	计数（人）	35389	3273	11297	1062	6840	57861
	比重（%）	61.2	5.7	19.5	1.8	11.8	100.0
2～5年	计数（人）	41201	6272	22205	2091	10534	82303
	比重（%）	50.1	7.6	27.0	2.5	12.8	100.0
6～9年	计数（人）	13141	2762	9353	934	3720	29910
	比重（%）	43.9	9.2	31.3	3.1	12.4	100.0
10年及以上	计数（人）	10643	2952	10211	1016	3460	28282
	比重（%）	37.6	10.4	36.1	3.6	12.2	100.0

第二节 流动人口就业状况影响因素分析

一、流动人口就业的数据处理及分析方法

以流动人口的就业状态、职业选择及就业身份为因变量，以人口学特征、流动特征和社会特征三个维度中的相关因素为自变量，分别进行多元 Logistic 回归分析，以探讨流动人口就业的影响因素。相关变量定义见表 5-26。

表 5-26　相关特征变量的定义

变量		定义
因变量	就业状态	1=失业，2=就业
	职业选择	1=管理者及办公室人员，2=专业技术人员，3=商业服务业人员，4=农林牧渔业人员，5=生产运输设备操作人员，6=无固定职业人员，7=失业人员
	就业身份	1=雇员，2=雇主，3=自营劳动者，4=家庭帮工，5=失业者
自变量	人口学特征	性别	1=男，2=女
		年龄	15～59 岁
		受教育程度	1=未上过学，2=小学，3=初中，4=高中，5=中专，6=大学专科，7=大学本科，8=研究生
		婚姻状况	1=未婚，2=初婚，3=再婚，4=离婚，5=丧偶
		户口性质	1=农业，2=非农业
	流动特征	流入区域	1=东北，2=华北，3=华东，4=华中，5=华南，6=西南，7=西北
		流动范围	1=跨省流动，2=省内跨市流动，3=市内跨县流动
	社会特征	流入时长	1=1 年及以下，2=2～5 年，3=6～9 年，4=10 年及以上
		居留身份	1=居住证，2=暂住证，3=都没有
		健康档案	1=已建立，2=未建立
		代际差异	1="50/60 后"，2="70 后"，3="80 后"，4="90 后"
		所属行业	1=农业，2=工业，3=建筑业，4=服务业，5=无业
		单位性质	1=机关事业单位，2=国有企业单位，3=外资企业单位，4=民营集体单位，5=工商个体单位，6=无就业单位

二、影响流动人口就业状态的因素

就业状态的影响因素分析中，选择流动人口是否就业作为因变量，采用二元 Logistic 模型进行回归分析，选择性别、年龄、受教育程度、婚姻状况、户口性质、流入区域、流动范围、流入时长、居留身份、健康档案和代际差异为自变量。根据变量的分类特征，并避免模型无解的出现，将年龄和受教育程度视为等距有序变量直接纳入模型，其他分类自变量则设置相应的哑变量引入，模型的检验结果见表 5 - 27。

表 5 - 27 流动人口就业状态的二元 Logistic 回归分析结果

变量			B	Sig.	Exp（B）
人口学特征	性别（以女性为参照）	男性	1.725	0.000	5.614
	年龄		0.005	0.076	1.005
	受教育程度		0.147	0.000	1.158
	婚姻状况（以未婚为参照）	初婚	−1.127	0.000	0.324
		再婚	−1.498	0.000	0.223
		离婚	−0.653	0.000	0.520
		丧偶	−1.208	0.000	0.299
	户口性质（以非农业为参照）	农业	0.245	0.000	1.278
流动特征	流入区域（以西北为参照）	东北	0.071	0.029	1.074
		华北	0.122	0.000	1.130
		华东	0.524	0.000	1.690
		华中	0.555	0.000	1.743
		华南	0.290	0.000	1.336
		西南	0.680	0.000	1.975
	流动范围（以市内跨县流动为参照）	跨省流动	0.336	0.000	1.399
		省内跨市流动	0.120	0.000	1.128
	流入时长（以 10 年及以上为参照）	1 年及以下	−0.018	0.479	0.982
		2～5 年	−0.006	0.782	0.994
		6～9 年	0.022	0.416	1.023

变量			B	Sig.	Exp（B）
社会特征	居留身份（以都没有为参照）	居住证	0.487	0.000	1.628
		暂住证	0.352	0.000	1.423
	健康档案（以未建立为参照）	已建立	−0.140	0.000	0.869
	代际差异（以"90后"为参照）	"50/60后"	0.562	0.000	1.753
		"70后"	0.929	0.000	2.531
		"80后"	0.489	0.000	1.631
截距			−1.049	0.000	0.350

从人口学特征维度的检验结果来看，性别、年龄、受教育程度、婚姻状况和户口性质对流动人口的就业状态均具有显著影响，几乎全部变量均在1%的显著性水平上通过了检验。就性别来看，男性流动人口的就业概率高于女性流动人口，就业的优势比达到5.614。年龄变量的显著性水平较低，但是在10%的水平下依然显著，说明流动人口就业概率随着年龄的增长而提高，但是提高的幅度较小，仅为0.5%。受教育程度对流动人口就业状态的影响程度较大，每增加一个教育等级，就业概率平均提高15.8%。婚姻状况因素中，未婚者的就业概率显著高于其他婚姻状况的流动人群，而初婚、再婚、离婚和丧偶群体间的就业率差别不是很大。对于流动人口大多从事劳动强度较大的工作的现状，农业户籍流动人口的就业率较高，这部分人群在综合自身禀赋和外部客观环境的条件下更愿意选择就业，就业率是非农业户籍人群的1.278倍。

从流动特征维度的检验结果来看，流入时长对就业状态的影响不显著，而流入区域和流动范围对流动人口的就业选择具有重要影响。流入区域因素的检验结果显著度较高，相比于西北地区，其他地区流动人口的就业率都有很大幅度的提高，其中西南、华中、华东地区的就业率提高幅度较大，均在50%以上，华南和华北地区次之，而东北地区流动人口就业率的提高幅度较小，仅为7.4%。流动范围对就业选择的影响非常显著，为了降低流动成本，长距离流动人口的目的性通常更强，因此就业率随着流动距离的延长而逐渐提高，跨省流动和省内跨市流动人群的就业率分别高出市内跨县流动人群的就业率39.9个和12.8个百分点。

从社会特征维度的检验结果来看，全部变量均通过了显著性检验，表明政府管理水平和代际差异特征对流动人口就业选择的影响。可以看出，居留身份认证制度的实施能够显著提高流动人口对流入地的认同感和融入感，因此拥有居住证和暂住证的流动人口就业率更高，分别是未认证群体的1.628倍和1.423倍。流动人口健康档案的建立与管理能提高流动人口的就业率，说明提高政策的覆盖率和增加更多切实的政策内容需要进一步深化，以进一步提高流动人口在流入地的融入程度，提高其就业积极性。代际差异特征对流动人口就业选择的影响非常显著，相比于"90后"群体，"50/60后""70后"和"80后"群体的就业率均具有较大幅度提高，分别提高了75.3%、153.1%和63.1%，其中"70后"选择就业的积极性最高，这可能主要来自流动经验和工作经验的重要影响。

三、影响流动人口就业职业的因素

职业选择模型中以主要职业类别为因变量，采用多元Logistic模型进行回归分析，考虑到相关变量测度的重复性，依然选择人口学特征、流动特征和社会特征的相关因素作为自变量，故此产生了以"无固定职业人员"为参照的管理者及办公室人员（模型1）、专业技术人员（模型2）、商业服务业人员（模型3）、农林牧渔业人员（模型4）、生产运输设备操作人员（模型5）五个模型，各模型的具体参数检验结果见表5-28。

表5-28　流动人口职业选择的多元Logistic回归分析结果

变量			发生比				
			模型1	模型2	模型3	模型4	模型5
截距			0.004***	0.029***	7.419***	2.789**	1.690*
人口学特征	性别（以女性为参照）	男性	0.756***	1.854***	0.799***	0.966	1.608***
	年龄		0.996	0.971***	0.978***	1.000	0.973***
	受教育程度		2.742***	2.116***	1.157***	0.619***	1.008
	婚姻状况（以未婚为参照）	初婚	1.846	1.623	1.233	1.458	1.074
		再婚	1.844	1.558	1.226	1.676*	1.061
		离婚	1.625	1.383	0.986	1.655	0.908
		丧偶	1.272	0.972	1.145	0.982	0.861
	户口性质（以非农业为参照）	农业	0.411***	0.670***	0.940	1.599***	1.148**

续　表

变量			发生比				
			模型1	模型2	模型3	模型4	模型5
流动特征	流入区域（以西北为参照）	东北	1.103	1.627***	1.168***	0.940	1.463***
		华北	2.116***	3.241***	1.911***	0.184***	2.912***
		华东	3.856***	6.776***	2.657***	0.344***	7.544***
		华中	1.881***	3.217***	2.722***	0.134***	2.229***
		华南	1.800***	2.402***	1.317***	0.564***	2.680***
		西南	2.404***	3.358***	2.593***	0.648***	2.123***
	流动范围（以市内跨县流动为参照）	跨省流动	0.667***	1.309***	1.116***	1.824***	1.525***
		省内跨市流动	0.687***	1.048	1.111**	1.791***	0.991
	流入时长（以10年及以上为参照）	1年及以下	0.842*	0.978	0.950	0.391***	1.496***
		2～5年	0.979	0.949	0.999	0.413***	1.214***
		6～9年	0.999	1.134*	1.023	0.742***	1.206***
社会特征	居留身份（以都没有为参照）	居住证	1.227***	1.488***	1.122***	0.738***	1.619***
		暂住证	0.946	1.136**	1.466***	0.806***	1.200***
	健康档案（以未建立为参照）	已建立	1.101	0.930	0.883***	1.187***	0.852***
	代际差异（以"90后"为参照）	"50/60后"	1.490	1.125	1.258	0.930	1.183
		"70后"	1.171	1.115	1.252*	0.812	1.152
		"80后"	1.339**	1.164*	1.151*	0.756**	1.038

注：* $p<0.05$，** $p<0.01$，*** $p<0.001$，括号内为自变量参照组。

从人口学特征维度的影响因素来看，婚姻状况对流动人口的职业选择影响不显著，而其他变量在相应显著性水平下大多数均通过了统计检验，说明其他变量对流动人口的职业选择具有显著影响。性别因素中，男性流动人口选择专业技术人员和生产运输设备操作人员作为职业的概率更高，发生概率分别是女性流动人口的1.854倍和1.608倍，而女性流动人口选择成为管理者及办公室人员、商业服务业人员和农林牧渔业人员的概率较高，这反映了流动人口的劳动技能、职业技能在性别方面的差异。年龄对流动人口选择成为专业技术人员、商业服务业人员和生产运输设备操作人员的概率具有显著影响，相对于无固定职业人员，流动人口每增长一岁，上述职业的发生比分别为0.971、0.978和0.973。可见，年长流动群体选择固定职业的难度较大，而流动人口中的管理者及办公室人员和农林牧渔业人员，相对于无固定职业人员无年龄上的选择差异。受教育程度对流动人口选择生产运输设备操作职业没有显著影响；具有越高等级教育程度的流动人群选择成为管理者及办公室人员、专业技术人员和商业服务业人员的概率更高，分别比无固定职业人员高出1.742倍、1.116倍和0.157倍；而具有低等级教育程度的流动人群选择成为农林牧渔业人员的概率更高。户口性质对商业服务业人员的职业选择无显著影响，农业户籍流动人群选择成为农林牧渔业人员和生产运输设备操作人员的概率分别高出非农业户籍人群59.9个和14.8个百分点，但是选择成为管理者及办公室人员和专业技术人员的概率比非农业户籍人群低58.9个和33.0个百分点。

从流动特征维度的影响因素来看，流入区域和流动范围对流动人口的职业选择影响显著，而流入时长仅对部分流动人口的职业选择影响显著。流入区域因素中，流动人口选择成为农林牧渔业人员的概率随地区经济发展水平的提高而呈现下降态势，其中经济发展相对落后的西北地区概率最高，东北地区与西北地区几乎无差别；而其他职业的选择概率与区域经济发展水平大体呈正相关，西北地区均是各区域中概率最低的，东北地区次之。流动范围因素中，专业技术人员、商业服务业人员、农林牧渔业人员和生产运输设备操作人员在长距离流动群体中的比重更高，但是在管理者及办公室人员的职业选择中以短距离流动群体的优势最为明显。流入时间长短对管理者及办公室人员、专业技术人员和商业服务业人员的职业选择几乎无影响，但是农林牧渔业人员的职业选择发生比随着流入时长的延长而增加，生产运输设备操作人员的选择发生比则伴随流入时长的延长呈反方向变动。

从社会特征维度的影响因素来看，居留身份对职业选择的影响非常显著，健康档案对流动人口的职业选择影响比较显著，代际差异特征对流动人口的职业选择影响程度较低。居留身份中拥有居住证的流动人口和暂住证的流动人口之间的差异程度较小，但是这两个群体与未认证身份的流动人口在职业选择方面存在较大差异。其中，在管理者及办公室人员、专业技术人员、商业服务业人员和生产运输设备操作人员的模型中，已拥有上述两种身份认证流动人群的选择概率显著高于未认证身份的流动人群，而在农林牧渔业人员的选择模型中，已拥有上述两种身份认证的流动群体的选择概率低于未认证流动人群。是否建立健康档案在管理者及办公室人员和专业技术人员模型中的影响无显著差别，但显著提高了农林牧渔业人员的选择概率，降低了商业服务业人员和生产运输设备操作人员的选择概率，造成这一结果的原因可能与居民健康档案制度覆盖率的群体差异有一定联系。

四、影响流动人口就业身份的因素

在流动人口就业身份影响因素模型中，以性别、年龄、受教育程度、婚姻状况、户口性质、流入区域、流动范围、流入时长、所属行业、居留身份、健康档案和代际差异为自变量，以就业身份为因变量，由此产生以"家庭帮工"为参照的三个 Logistic 模型，各模型的参数检验结果见表 5 - 29。

表 5 - 29　流动人口就业身份影响因素的多元 Logistic 回归分析结果

变量			发生比		
			雇员	雇主	自营劳动者
截距			0.919	0.159***	1.065
人口学特征	性别（以女性为参照）	男性	3.592***	5.621***	5.332***
	年龄		1.046***	1.052***	1.049***
	受教育程度		1.447***	1.321***	1.084***
	婚姻状况（以未婚为参照）	初婚	0.704	0.250***	0.324**
		再婚	0.240***	0.372*	0.483
		离婚	0.248***	0.398*	0.458
		丧偶	1.389	1.332	1.423
	户口性质（以非农业为参照）	农业	0.772***	0.812***	1.102
流动特征	流入区域（以西北为参照）	东北	3.485***	2.537***	1.621***
		华北	1.461***	0.771***	0.844**
		华东	1.026	0.698***	0.653***
		华中	0.680***	0.721***	0.706***
		华南	1.270***	1.089	0.792***
		西南	1.234**	1.863***	1.111
	流动范围（以市内跨县流动为参照）	跨省流动	0.562***	0.804***	0.670***
		省内跨市流动	0.697***	0.786***	0.825***
	流入时长（以10年及以上为参照）	1年及以下	3.234***	1.618***	1.636***
		2～5年	1.892***	1.286***	1.355***
		6～9年	1.311***	1.096	1.115*

变量			发生比		
			雇员	雇主	自营劳动者
社会特征	所属行业（以服务业为参照）	农业	1.078	0.516***	0.776***
		工业	19.463***	1.852***	0.939
		建筑业	5.416***	1.180	1.158
	居留身份（以都没有为参照）	居住证	1.549***	1.380***	1.283***
		暂住证	1.165***	1.253***	1.138***
	健康档案（以未建立为参照）	已建立	1.178***	1.228***	1.179***
	代际差异（以"90后"为参照）	"50/60后"	0.745	1.125	1.041
		"70后"	1.030	1.877***	1.632***
		"80后"	1.495***	2.389***	2.046***

注：* $p<0.05$，** $p<0.01$，*** $p<0.001$，括号内为自变量参照组。

在人口学特征方面，性别、年龄、受教育程度和户口性质对流动人口就业身份的选择具有显著影响，而婚姻状况对流动人口就业身份的选择影响不太显著。在性别因素中，男性流动人口选择成为雇员、雇主和自营劳动者的概率均显著高于女性流动人口，发生比分别为3.592、5.62和5.332。年龄因素显著影响了流动人口的就业身份选择，年长群体比年轻群体更愿意脱离家庭帮工身份而选择雇员、雇主或自营劳动者等职业身份，这三者的就业身份选择的发生比相差不大。受教育程度等级的增长也显著促使流动人口选择除家庭帮工以外的就业身份，从影响程度大小来看，选择雇员身份的概率更高，发生比为1.447，选择雇主身份的概率次之，发生比为1.321，选择自营劳动者身份的概率较低，仅比选择家庭帮工身份高出8.4%。婚姻状况对流动人口就业身份选择的影响较低，尽管在个别模型的个别类别中其影响表现显著，但是总体来看，未婚群体选择雇员、雇主和自营劳动者身份的概率均显著高于初婚、再婚、离婚群体。户口性质对选择自营劳动者的影响不显著，说明城乡户籍人口在自营劳动者与家庭帮工身份之间的选择无显著差别，但是在雇主和雇员模型中，户口性质的影响非常显著，农业户籍人群选择上述就业身份的概率比非农业户籍人群的分别低22.8%和18.8%。

在流动特征方面，流入区域、流动范围和流入时长对流动人口就业身份的选择的影响较显著。流入区域因素中，流动人口选择雇员身份的概率以东北地区最高，华北地区次之，华南和西南地区略低于华北地区，上述地区的选择概率均显著高于西北地区，西北地区与华东地区的选择概率无显著差异，华中地区比西北地区低32个百分点。在雇主模型中，东北地区和西南地区的选择概率显著高于西北地区，华北、华东和华中地区显著低于西北地区，而华南地区与西北地区无显著差异。在自营劳动者模型中，西南与西北地区无显著差异，东北地区的选择概率最高，而其他地区的选择概率均显著低于西北地区。从模型间系数大小比较来看，东北、华北、华东和华南地区流动人口选择雇员身份的概率较高，而华中和西南地区选择雇主身份的概率较高。流动范围因素中，雇员和自营劳动者身份的选择概率均随着流动距离的延长而增加，但是在雇主模型中恰恰相反，即选择雇主身份的概率随着流动人口流动距离的延长而降低。在三个就业身份选择模型中，流动人口的选择概率均随着流入时间的延长而降低，但是不同流入时长的人群都更倾向于选择雇员身份，自营劳动者身份次之，而选择雇主身份的概率较低。

从社会特征因素的检验结果来看，所属行业、居留身份、健康档案和代际差异特征对流动人口就业身份选择的影响均显著。在所属行业因素中，工业中流动人群选择雇员身份的概率远高于服务业，建筑业次之，而农业和服务业之间的选择无显著差异；在雇主身份的选择中，依然是工业中流动人口的选择概率最高，建筑业与服务业无显著差异，农业的概率明显低于服务业。在自营劳动者模型中，工业、建筑业与服务业的选择概率无明显差异，三个行业的选择概率均高于农业。从居留身份因素来看，拥有居住证和暂住证的流动人群选择雇员、雇主和自营劳动者身份的概率均高于没有认证居留身份的人群，其中有居住证的流动人群选择雇员的概率最高，有暂住证的流动人群选择雇主身份的概率最高，这两类人群选择自营劳动者身份的概率均仅高于家庭帮工身份。建立健康档案流动人群选择雇员、雇主和自营劳动者身份的概率均显著高于家庭帮工身份，其中选择雇主身份的概率略高，而雇员身份和家庭帮工身份之间只有微小差别。代际差异对就业身份选择的影响比较显著，其中"50/60后"与"90后"的就业身份选择无显著差异，但是"70后"和"80后"均不愿意选择家庭帮工身份，其中"80后"选择雇主身份的概率最高，选择自营劳动者身份的概率次之，选择雇员身份的概率较低，但是依然远高于家庭帮工身份，可见"80后"流动群体的自主创业和自主劳动意识更加突出，流动人口的代际差异相对明显。

第六章　流动人口的社会保障发展研究

流动人口在我国属于特殊群体，区域环境的变化导致大部分流动人口没有参与社会保险，这影响了流动人口的社会融入。随着流入地区社会经济水平的提升，流动人口的社会保障得到了提高，但依然存在城乡分割、资本差异等现象，因此有关部门应在流动人口社会保障融入方面采取相应的措施，提高流动人口的社会保障水平。本章对不同历史阶段的流动人口社会保障制度进行分析，探讨了影响流动人口社会保险覆盖率的因素，最后给出了有利于推进流动人口社会保障融合的相关对策。

第一节　流动人口社会保障制度的历史变迁

流动人口是我国人口迁移活动中的一个特殊的群体，一般是指为了谋生或改善生存状况而较长时间离开户口登记地的人口，流动人口中大部分人是长时间离开户口登记地出外谋生的农村人口。流动人口在我国经济发展中扮演了重要角色，但现有的社会保障机制并没有完全覆盖流动人口。一些流动人口缺乏基本的就业、医疗、保险等社会保障，这可能引发一些社会问题。因此，建立有效的流动人口社会保障机制是实现社会安定团结的一个治本之策。

一、流动人口社会保障制度空白阶段

20 世纪 50 年代的社会经济背景是社会主义改造，我国实行的是中央集权式分配制度，因此社会保障制度具有集权特征。[①] 中华人民共和国成立后，我国公共政策具有明显的城乡二元结构特征，在人口管理上实行严格的户籍管理制度。1952 年 8 月，政务院做出《关于劳动就业问题的决定》。该决定指出国家各方面建设的发展将要从农村吸收整批劳动力，但在短时期内不可能大量吸收。为发展城市与工业，要求全国各地方政府部门说服农民不要进城，消除农民盲目向城市流动的情绪。1957 年 12 月颁布的《国务院关于各单位从农村中招用临时工的暂行规定》，明确表示各单位需要的临时工应该在当地城市聘用，首先从本单位多

---

① 杨秀丽，索志林. 中国农村社会保障制度的历史变迁 [J]. 经济研究导刊，2006（2）：44-46.

余人员中调剂解决或从地方其他单位的多余人员中调剂解决；明确规定各城市不得私自介绍农民到城市和工矿区找工作，农村劳动力流动受到严格的限制。

1958 年 1 月 9 日，由全国人民代表大会常务委员会会议通过颁布的《中华人民共和国户口登记条例》确立了以常住人口为主，严格控制人口流动的基本原则，公民由农村迁往城市的，只能凭就业、升学和工作调动证明办理户口迁移，其他原因一律不予办理。同时，该条例把中国人口分为城市户口和农村户口，并将户口与住房、教育、就业、医疗等公民权利挂钩，农村居民从事土地耕作和农业生产，城市居民从事工商业，由此形成城乡分割的户籍制度。

1964 年 8 月，国务院颁布了《公安部关于处理户口迁移的规定（草案）》，该规定明确了这一时期对迁移户籍"严加控制"的主要精神，一方面，对从农村迁移至城镇的流动人口严加控制；另一方面，对流动人口从小城镇迁往如北京、上海等大城市严加控制。这段时期，中国开始实行城乡有别的户籍管理制度。在这之后直到改革开放前，我国一直实施城市与乡村严加区别的二元户籍管理制度（从广义的户籍制度来看，这一户籍管理制度还包括衍生的城乡有别的二元劳动就业制度、医疗保健制度以及其他社会福利制度等），未发生根本性的变化。

农民工是我国 1978 年改革开放与经济转型时期出现的特殊群体，由于传统制度的约束，在改革开放初始阶段，国家实施"就地就业"的农村就业政策，农村劳动力被限制向城市流动，严格的户籍制度和商品粮政策使得农村劳动力只能选择在农村就业。1980 年 8 月，中共中央、国务院颁布《关于进一步做好城镇劳动就业工作的意见》。该意见明确指出对农村中的剩余劳动人口要采取乡镇自我吸收的措施，具体可通过建立乡村社队企业，或者城市与乡村联合兴办企业来进一步吸收农村中广大剩余劳动力。该意见还指出要严格控制进城农民用工，城市单位无特别需要，不能使用来自农村的劳动力，对确实需要使用农村民工的，必须经相关人民政府核实批准。

随着改革开放的深入，1984 年国家实施"离土不离乡"的农村就业政策，中央一号文件《关于一九八四年农村工作的通知》在政策层面上对农村劳动力进入城镇就业问题放松了控制，农村家庭联产承包责任制使农民从土地上得到解放，亿万农民工的生活条件和收入水平得到了极大改善，他们开始大量向城市涌入，甚至长期在我国东部经济发达地区劳动和居住，因此形成了一股"民工潮"。

1985 年，国家对流动人口管理逐步放松管制，同年 7 月 13 日，公安部发布了《关于城镇暂住人口管理的暂行规定》，进一步建立健全暂住人口管理制度，该规定指出实行暂住证制度。对于进城工作且无法加入城市户籍的农民来说，暂住证制度的实行意味着从法律层面上允许农民进城，农民工不再被排斥，并且法律使农民工在非户籍城市享有同城市居民一样的合法居住权利。1986 年 7 月 12 日，国务院颁布《国营企业招用工人的暂行规定》，指出企业招工，凡符合报考条件的，城镇和农村人员均可报考。

面对"民工潮"引发的交通运输、社会治安、市场管理等一系列问题，1989年，国务院、民政部和公安部相继下发了《关于严格控制民工外出的紧急通知》《关于进一步做好控制民工盲目外流的通知》，要求各地政府采取有效措施，严格控制当地农民工盲目外流。在这一阶段，从整体上看，国家的流动人口管理政策历经了从严格限制到开始松动，再到控制盲目流动的过程，农村人口的流动受到限制和约束，其流动方式主要以个体流动为主。

20 世纪 90 年代初，北京、上海等主要城市每年都会发布新的政策限制外来劳动力从事的行业和工种，实行先本地后外地、先城市后农村的就业政策，部分就业政策将劳动力分为本地劳动力和外来劳动力。外来劳动力在劳动机会、就业准入、工资水平和工伤保险等多方面的权益与本地劳动力有差异。这些限制农民工就业的政策再一次阻碍了农村劳动力向城市的有序转移，也导致已进城的农民工的生活得不到保障。但是，这种回落持续时间很短，到 1991 年初，流动人口数量又开始增加，一些城市中的流动人口数量比以前略有增长。这些人为的限制流动政策为 20 世纪 90 年代初期第二次"民工潮"的出现积蓄了力量。

自中华人民共和国成立以来，我国对人口流动严加管理，实行城乡有别的二元户籍制度。自改革开放以来，政府颁布了一系列关于流动人口的管理政策，总的趋势是从严格到松动。这期间颁布的政策以流动人口管控为主导，流动人口的社会保障并没有进入政策视野。这期间未出台有关流动人口社会保障的政策。可以说，改革开放以来的很长一段时期内，我国政府对流动人口的社会保障存在着制度性缺位，其中福利排斥是一个明显特征。

二、流动人口社会保障制度建立探索阶段

我国于 1993 年提出建立社会主义市场经济体制的目标，把社会保障制度作为这一体制的重要组成部分，明确了社会保障体系建设的目标和任务。但这之后各种社会保障体制改革的思路基本上仍以户籍为基础，政府对流入城市的农民工的社会保障基本上处于初步建立探索阶段。

（一）探索阶段的流动人口社会保险政策

1994 年 8 月，上海市出台的《上海市流动人口卫生防疫管理暂行规定》，对我国流动人口社会保障立法研究和实践有借鉴意义。1994 年 11 月 17 日，劳动部颁布《关于农村劳动力跨省流动就业的暂行规定》，首次规范有序跨地区流动，加强农村劳动力跨地区流动就业管理。1998 年 9 月，广东省颁布《广东省社会养老保险条例》，率先在农民工中推行强制性社会保险，其他地方也根据实际情况颁布实施社会养老保险条例，将农民工包括在内。考虑到农民工流动的特殊性，当时的农民工社会保障政策是有别于城市居民的，统筹资金主要来自农民工

本人与用人单位，国家只出政策，不补贴。其间推广力度较大的是农民工的养老保险，但这种办法只适用于正规就业者，不适用于非正规就业者。

1999 年，国务院颁布《失业保险条例》，首次对农民工失业保险进行法律规定。2000 年 1 月 17 日，劳动和社会保障部颁布了《关于做好农村富余劳动力流动就业工作的意见》，明确提出要重视农村劳动力的职业技能培训，加大对进城来的农村劳动力技能培训的投入。由于我国广大进城务工的农村剩余劳动力缺乏教育培训，许多农民工都是小学或初中学历，劳动素质水平较低，该意见指出要针对流动就业人口进行劳动预备制度培训，提高农民工的职业技能水平，同时提高流动进城人员的保障权益。该意见提出实行就业证管理制度，对外出人员与外来人员同时使用就业登记卡，外出人员就业卡记录该人员外出前所接受的技能培训状况、就业服务与接受的劳动保障权益等信息，而外来人员的就业证记录该人员外出后所接受的技能培训情况、就业信息、所享有的社会保障信息等。就业证制度有助于有关部门掌握流动人员的就业情况，方便开展流动就业管理工作。

2000 年 7 月 20 日，劳动和社会保障部、农业部、水利部等七个部门共同出台了《关于进一步开展农村劳动力开发就业试点工作的通知》，要求进一步废除之前阻碍农村劳动力进城流动的规定，取消我国长期以来所形成的城乡分割的二元社会，建立面对城乡所有用人单位和劳动者的市场信息网络，使就业服务覆盖城乡；逐步完善进入城镇就业的农村劳动者的有关社会保险政策。2001 年 8 月 27 日，北京市出台《北京市农民工养老保险暂行办法》，规定用人单位自招用农民工之日起，就必须为其办理参加养老保险的手续，养老保险费由用人单位和农民工共同缴纳。

2000 年 6 月 13 日，为了促进小城镇的发展、带动农村经济与社会的繁荣，中共中央、国务院颁布了《关于促进小城镇健康发展的若干意见》，其中指出要改革小城镇户籍管理制度，自 2000 年开始，凡是在中小城镇定居于合法的固定住处、拥有稳定的工作且获得一定生活来源的农民，均可根据本人意愿转为城镇户口；农民工子女应获得与现居住城镇相等的接受教育、获得参军资格等基本权益，社会公共保障政策实施对象应包括农民工在内。流入地各级政府部门禁止对落户的农民工收取暂住费等费用。此文件的出台表明我国流动人口社会保障政策进入探索阶段。

2001 年 5 月，国家卫生计生委发布《国民经济和社会发展第十个五年计划城镇化发展重点专项规划》，要求破除原先我国形成的二元社会，破除地区垄断和保护制度；除如北京、上海这样的特大城市以外，应破除城乡分割制度，完善城乡就业制度；清除各大城市中出现的对农民工以及外来流动人群所定制的限制就业的条例；各种社会权益服务工作应积极面向广大新迁入城镇人群，逐步提高流动人口的就业、生活、住房等权益，为流动人口提供社会服务。该规划还要求，在就业信息服务方面，中心大城市应建立劳动力就业信息网络，为就业求职人群与企业用人单位提供双向信息；扩大进城农民以及城市间流动人口的社会福利权益，如在住房、子女入学、医疗卫生等方面让进城流动人口与当地常驻居民享受同等公共服务；加强社会舆论宣传，强化城镇化的战略思想，努力形成乐于接纳流动人口成为新市民的氛围，不排斥外来人口，进一步促进社会公民的大融合。

2003 年 1 月 15 日，国务院办公厅印发了《关于做好农民进城务工就业管理和服务工作的通知》，表明政府高度重视农民工的进城就业问题。为了加强农民工的良性流动，该通知做出了如下具体要求：第一，政府相关部门要提供良好的管理与服务辅助工作，方便进城务工者更好地就业；第二，清除原先阻碍流动的规定；第三，解决好对进城务工人员的工资拖欠与克扣问题；第四，逐步提高农民工在城市的工作与住房环境；第五，提高农民工的生产工作技能，加强对其的工作培训；第六，关注进城务工人员子女的教育问题；第七，重视对进城务工者的管理。2003 年 3 月 20 日，劳动和社会保障部颁布《关于农民工适用劳动法律有关问题的复函》，明确指出凡与用人单位建立劳动关系的农民工，均适用《中华人民共和国劳动法》与《企业职工工伤保险试行办法》。

2003 年 9 月，国务院办公厅发布了《2003－2010 年全国农民工培训规划》，提出要加强农民工的素质和就业能力，营造良好的社会氛围和政策环境，进一步促进农村劳动力向城镇转移。2003 年 10 月 14 日，中国共产党第十六届中央委员会第三次全体会议讨论通过《中共中央关于完善社会主义市场经济体制若干问题的决定》。该决定中的第十三条指出，要改善农村富余劳动力转移就业的环境。为了促进农民收入的增加及推进城镇化的进程，该决定赞同农村中的富足劳动力在城乡间的双向流动，建立健全农村劳动力的培训机制，取消对农民进城就业的限制性规定，完善流动人口管理，形成城乡劳动者平等就业的制度。若农民工已在现居城市拥有稳定收入，则可在当地就业城市办理户籍登记，同时可依法享受当地居民所享有的权益。该决定促进了农村富余劳动力平稳有序的转移，深化了我国户籍制度的改革。

2004 年 2 月 29 日，建设部颁布《建设部关于进一步解决拖欠农民工工资问题的紧急通知》，指出解决农民工工资问题应按照谁承包、谁负责的原则；政府首先要明确责任，优先解决拖欠农民工工资，地方各级人民政府要采取有效措施，加强支付农民工工资保障制度建设，防止因建设单位拖欠施工企业的工程款，造成拖欠农民工工资问题；劳动争议仲裁机构对农民工工资争议案件要及时受理，快速结案，对经济困难的农民工可给予减免仲裁费用等援助；施工企业招用农民工必须依照《中华人民共和国劳动法》及相关规定，与农民工签订劳动合同。有关部门通过法律手段以及经济和行政手段进一步保障了农民工工资的支付问题，维护了农民工的保障权益。

　　流动人口的社会保障问题也开始受到国家的关注，2004 年 6 月 1 日，劳动和社会保障部印发了《关于农民工参加工伤保险有关问题的通知》；2006 年 5 月 16 日，劳动和社会保障部又印发了《关于开展农民工参加医疗保险专项扩面行动的通知》。劳动和社会保障部先后印发的文件都是为了使流动人口更好地享受到医疗、工伤保险等社会福利。其中，《关于农民工参加工伤保险有关问题的通知》中明确了农民工同样享受 2004 年 1 月 1 日开始施行的《工伤保险条例》中规定的权益。只要农民工与工作单位签订用工合同，工作单位就有义务为其办理参加工伤保险。针对跨省流动的农民工的户籍不在办理工伤保险所在省份的统筹保障区域内的情况，《工伤保险条例》中提供一次性或者长期支付方式供伤残农民工选择。为了维护建设领域农民工合法报酬权益，规范建筑业企业工资支付行为，2004 年 9 月 6 日，劳动和社会保障部、建设部发布了《关于印发建设领域农民工工资支付管理暂行办法的通知》，规范建设领域农民工工资支付行为，预防和解决建筑业企业克扣、拖欠工资问题，建立长效机制来有效保障农民工工资的按时发放。该通知规定要将工资支付给农民工，不得支付给不具有用工资格的主体。2004 年 12 月 16 日，为进一步改善农民进城就业环境，加强对进城求职农民的就业服务，劳动和社会保障部发布《关于开展春风行动完善农民工就业服务的通知》，要求各地政府相关部门应积极开展农民工就业服务的"春风行动"。为了让进城流动的农民工能够得到快捷方便的就业指导与服务，有关部门应大力完善劳动力市场环境，提供良好的就业环境；向进城求职的农村劳动力提供免费就业服务，开展面向农民工的就业政策咨询服务活动，规范劳动力市场运行秩序，维护进城求职农民工合法权益不受侵犯。

　　2004 年 12 月，《关于进一步做好改善农民进城就业环境工作的通知》对农民进城就业管理服务制度的建设、城市公共职业介绍、培训和各项满足农民工进城就业的需要，以及一些关于农民工合法权益保护等问题做出了规定，对农民工在城市就业的工作环境改善做出了全面布局。2005 年 2 月 7 日，劳动和社会保障部颁布《关于废止农村劳动力跨省流动就业管理暂行规定及有关配套文件的通知》，废止原劳动部规定的外出人员就业登记卡制度。这一规定促进了农村剩余劳动力的双向流动，完善了流动人口的就业环境，进一步消除了农民进城的流动限制。

　　2005 年 10 月 28 日，国务院印发了《关于大力发展职业教育的决定》，同年 11 月 4 日，国务院又印发了《关于进一步加强就业再就业工作的通知》，提出职业教育要为农村劳动力转移服务，为建设社会主义新农村服务，为提高农民工素质服务，进一步促进再就业和城乡统筹的发展，同时为进城就业的农村劳动者提供必要的社会保障，在吸纳进城务工农村劳动者较多的重点行业和组织劳务输出的贫困地区，组织实施国家培训项目。该通知中强调要调整农村经济结构，加快小城镇建设，引导和组织农村劳动力向非农产业转移、向城市有序流动。

2005 年 5 月 11 日，劳动和保障部发布了《关于加强建设等行业农民工劳动合同管理的通知》，规定每一城市相关部门都要规范农民工劳动合同的管理。通过劳动合同确立用人单位与农民工的劳动关系，是维护农民工合法权益的重要措施。用人单位要使用农民工，应当依法与农民工签订书面劳动合同，并向劳动保障行政部门进行用工备案。2005 年 9 月 2 日，劳动和社会保障部、建设部、公安部、监察部等九个部门共同发布了《关于进一步解决拖欠农民工工资问题的通知》，明确提出农民工工资的拖欠问题由来已久，各相关部门应高度重视并提出有效解决方案，机关单位要核实调查各单位拖欠农民工工资的具体状况，推进建立预防和解决拖欠农民工工资问题的长效机制。

我国的社会保障制度长期以来建立在以户籍为基础的城乡分离的二元结构之上，这导致了我国的社会保障制度从一开始就不是一个统一的社会保障制度。2006 年以前，农民和农民工基本未纳入社会保障范围，中国的社会保障事业一直将重点放在城镇。劳动和社会保障部于 2006 年颁布《关于开展农民工参加医疗保险专项扩面行动的通知》，明确指出争取在 2006 年底让农民工参加医疗保险人数达到 2000 万人，在 2008 年底将与城镇用人单位建立劳动关系的农民工基本纳入医疗保险。

2006 年 1 月，《中共中央、国务院关于推进社会主义新农村建设的若干意见》中规定：要保障务工农民的应有的权益，对于特别针对进城农民工的带有强制性规定限制以及歧视性政策，应该清除与取消；完善改革城市公共就业网络服务，建立就业服务信息系统，方便外出就业农民工获得有效招工信息、就业培训信息、法律有关文件咨询等服务；严格执行最低工资制度，建立工资保障金等制度；切实强制规定实施农民工就业环境卫生安全考核，招工企业一定要与农民工依法签订劳动合同；逐渐建立适应农民工需求的社会保障制度，将农民工纳入保障范畴；由于务工农民具有高流动性、工作环境差、收入不稳定等特征，要切实处理维护好农民工的工伤保险、养老保险等社会权益。此外，政府关注随迁农民工子女教育问题。

2006 年 3 月 27 日，国务院颁发了《关于解决农民工问题的若干意见》。这份文件是一份较全面、系统的解决关于以农民工为主的流动人群享有的社会保障政策问题的具有历史地位的探索性报告。该意见完善了农民工的工资支付手段，对农民工工资支付进行监控，规范支付方式及实现工资保证金体制，使农民工享受与城镇职工相等的保障权益。该意见首次指出要将农民工并入城市中的公共服务范围内，研究农民工参加城镇医疗保险和新型农村合作医疗的衔接办法和政策；扩大流动人口融合的范围，对有突出贡献者，应优先准予落户。该意见标志着我国农民工进城就业保障制度的新的变迁，体现了就业保障制度从城乡分割、区别对待到统筹城乡、公平对待的发展路径和政策价值取向。

为了更好地保障农民工的权益，2006年4月8日，劳动和社会保障部、国家开发银行共同发布了《关于实施农民工培训示范基地建设工程的通知》。该通知颁布的主要目的是提高以农民工为主要构成的我国产业工人的劳动素质，提升技工工种的工作能力，加强工人技术培训工作，有效解决目前我国经济发展中面临的工业发展中缺乏技术工种的窘迫局面；以提高我国产业工人特别是农民工的整体素质、促进农民就业增收为宗旨，着眼于增强培养技术工人的能力，重点扶持技工学校和公共实训基地扩大农民工培训规模，使其成为培养技术工人的主阵地。

2006年5月16日，劳动和社会保障部发布了《关于开展农民工参加医疗保险专项扩面行动的通知》，要求维护好农民工参加医疗保障的权益，要关注农民工的医疗保险转移接续问题，使农民工在城市参加的医疗保险能够与新农合医疗顺利衔接；要按时征缴农民工的医保基金，并使其与城镇医保基金一同管理；城镇中的社区医院等卫生部门要向广大进城务工农民开放，提供就医帮助。农民工存在较大的流动性，因此国家要进一步探索出适应于外出务工的流动人口的就医方式和医疗补贴结算方式。

2006年5月17日，《关于实施农民工"平安计划"加快推进农民工参加工伤保险工作的通知》中指出，由于农民工往往从事高危工作（如矿山、建筑等企业中工人大多是进城的农民工），其特殊的工作性质使得农民工对参加工伤保险有了迫切需求。因此，该通知要求各部门做好农民工加入工伤保险工作，将农民工切实纳入我国的医疗保障体系，工作应切实落实农民工的参保工作、农民工工作中发生的工伤认定，农民工受到事故伤害或者患职业病后，在参保地进行劳动能力的鉴定，并按照参保地的规定依法享受工伤保险待遇。该通知对跨地区流动就业的农民工，提供两种支付方式选择，进一步方便农民工享受工伤待遇。

2006年10月27日，国家安全生产监督管理总局联合国家煤矿安全监察局、教育部、劳动和社会保障部、农业部、建设部等多部委联合发布了《关于加强农民工安全生产培训工作的意见》，为了提高从事如煤矿、建筑行业等高危行业的农民工的安全意识与自我保护意识，要求对农民工进行安全生产的培训。相关劳动部门对农民工进行有关生产常识、安全技能、职业技能的知识的传输，全面提高农民工的职业技能。2006年12月5日，劳动和社会保障部与建设部联合颁布《关于做好建筑施工企业农民工参加工伤保险有关工作的通知》，针对建筑业这一农民工较集中从事、风险度较高的行业，要求各地劳动保障部门和建设行政主管部门加快推进建筑施工企业农民工参加工伤保险的工作。

（二）探索阶段的流动儿童教育政策

随着我国城市化进程的加快和农村剩余劳动力不断增加，大量的农民工开始流入城市，在城市中就业并长期居住，其人口流动的方式逐步演变为全家流动的家庭化方式，因此跟从父母流入城市的儿童数量上升，流动儿童的教育入学问题随之逐渐受到社会与政府的关注。1992 年 2 月 29 日，由国家教育委员会制定的《中华人民共和国义务教育法实施细则》关注的就是跟随父母流动的儿童的入学问题。适龄儿童入学不再完全受户籍制度约束，进城务工人员的子女可以通过户籍所在地政府部门的批准，向现居住地教育部门申请借读。该法案的提出为流动儿童就近接受义务教育提供了依据。

1996 年，国家教育委员会颁布了《城镇流动人口中适龄儿童少年就学办法（试行）》，其中北京的丰台区、上海市的徐汇区、浙江省义乌区等六个地区进行试点工作。该办法指出有条件的流动儿童应接受现居地公办学校的全日制教学，可以以借读的身份入学。若没有条件参加全日制教学的适龄儿童，可接受居住地兴办的非正规教育。该办法有益于流动儿童在居住地接受正规教育。该办法是 1996～2000 年我国解决流动儿童教育问题的具有代表性的关键政策，也是解决此问题的唯一政策依据。

进入 21 世纪，随着流动人口的急剧增加，流动儿童的就学问题越来越突出，成为普及义务教育工作的难点和社会关注的热点。政府对流动人口问题的认识不断深入，积极解决流动儿童教育问题。2001 年 5 月 22 日，国务院颁布了《中国儿童发展纲要（2001—2010 年）》，指出要重视流动儿童接受义务教育问题，明确流动儿童户籍地部门以及现居住地教育相关部门的行政责任，流入地的教育机构应承担更多的教育管理责任，以保证流动中的适龄儿童可以获得我国规定的九年义务教育的权利。此外，该纲要规定了针对流动儿童接受教育的管理目标和要求。

2001 年 5 月 29 日，国务院印发了《关于基础教育改革与发展的决定》，再一次表明国家政府对农民工子女的受教育问题的重视。该决定规定流动儿童的教育问题主要由流入地区的教育部门负责，主要以接受公办学校的全日制教育为主，免收借读费等不必要费用，切实维护流动儿童免费享受九年义务教育的权益。该决定奠定了之后所有有关流动儿童教育政策的基调，是国家最早提出的"两为主"政策文件，为流动儿童义务教育问题的解决提供了较明确的指导方针；之后的一系列决定和意见不断充实和丰富着"两为主"的内涵，并且日益彰显着"教育公平"的理念。

2003 年 1 月 15 日，国务院办公厅印发《关于做好农民进城务工就业管理和服务工作的通知》，其中第六条要求人口流入地的相关部门要肩负主要责任，采取方法使流动儿童能够到现流入地的全日制学校接受义务教育，流入地公办学校在接收学生条件方面对外来人口子女不得歧视；政府部门还应扶持由社会公益力量兴办的学校，进行统一管理。2003 年 9 月 17 日，国务院办公厅印发了《关于进一步做好进城务工就业农民子女义务教育工作意见的通知》。这项通知第一次使政策的关注度落到农民工的子女教育问题，强化了政府责任，并提出实行两个"一视同仁"，还将 1998 年颁布的《流动儿童少年就学暂行办法》中的"借读"改为流入地政府对流动儿童的"接收"，由收取借读费，改为制定统一标准。

2004 年 1 月 19 日，中共中央、国务院印发了《关于全面深化农村改革加快推进农业现代化的若干意见》，其中第十项提出要扩大财政预算的项目，各城市政府要把对外出务工农民的子女教育、医疗保障、住房保障等及其相应的管理费用都包括在财政预算中。为了响应上述文件，财政部要求清除对农民外出务工而产生的不合理的收费，扫除流动障碍，各中小学不得对入学的农民工子女收取择校费、借读费等不必要的经费，进城的农民工子女所受的教育应与当地学生一样；不得乱收费。

2006 年，《中华人民共和国义务教育法》修订通过，其中明确规定父母或者其他法定监护人在非户籍所在地工作或者居住的适龄儿童、少年，在其父母或者其他法定监护人工作或者居住地接受义务教育的，当地人民政府应当为其提供平等接受义务教育的条件。至此，流动儿童教育问题落实到法律上。

随着时代的发展，流动儿童随迁教育问题得到了进一步的解决，国家的相关政策指向越来越强，执行力度越来越大，层次水平也逐步提高。2006 年，国务院《关于解决农民工问题的若干意见》又一次确认，将农民工子女义务教育纳入当地教育发展规划，列入教育经费预算，以全日制公办中小学为主，接收农民工子女入学，并按照实际在校人数拨付学校公用经费。

（三）探索阶段的流动人口住房福利政策

1978～2004 年，基本没有专门针对流动人口的住房政策出台，只是在一些相关政策中偶有提及流动人口的住房问题，而且是从拉动经济增长的角度出发。1984 年 10 月 13 日，国务院发出的《关于农民进入集镇落户问题的通知》中提出地方政府要为到集镇落户的农民和家属建房、买房、租房提供方便。2000 年，中共中央、国务院《关于促进小城镇健康发展的若干意见》中明确提出要"逐步开展对有稳定收入的进镇农民在购房、购车和其他消费方面的信贷业务"。

2004 年 2 月建设部将"研究解决进城务工人员住房等问题"列入该年工作要点之一，这是建设部首次将研究解决农民工住房问题列入议事日程。2005 年 1 月 10 日，建设、财政部、中国人民银行共同颁布《关于住房公积金管理若干具体问题的指导意见》，要求单位经济基础好的地方，住房公积金的发放比例可以扩大落实到流动人口，在进城的农民工在当地企业长期工作的情况下，缴纳的住房公积金可以由个人与企业共同分担。该意见首次落实进城农民工的住房权益，使进城流动人口同城镇居民一样享受住房公积金的权益。2006 年出台的《国务院关于解决农民工问题的若干意见》中第一次明确提出要多渠道解决农民工居住问题，保证农民工居住场所符合基本的卫生和安全条件。从这一阶段的农民工住房政策来看，尽管有关政策的具体内容不断调整，但农民工住房政策是将解决农民工住房问题作为解决城市低收入住房困难群体中的特殊群体来进行的。

种种迹象表明，以农民工为主的流动人口与国家的关系正在发生深刻变化，流动人口问题已经进入党和国家的议事日程，其中农民工的劳动者身份和地位开始得到国家的确认，流动人口的权益保护也正在成为政府施政的重要方向。我国流动人口社会保障制度逐渐建立起来，维护流动人口权益的法律和政策正在陆续出台。尽管政府已经承认对待农民工要公平公正，但不确定性因素造成的压力使政府公共服务职能不断遇到挑战，统筹城乡的社会保障制度尚未真正建立，原本就处于劣势的农民工在城市仍旧不能享受与城镇居民平等的待遇和权利，因此我国要进一步调整巩固完善流动人口的社会保障制度。

三、流动人口社会保障制度调整巩固阶段

党中央、国务院高度重视农民工工作，自《国务院关于解决农民工问题的若干意见》印发以来，出台了一系列政策措施，推动农民工转移就业规模持续扩大，职业技能不断提高，工资收入大幅增加，参加社会保险人数较快增长，劳动保障权益维护明显加强，农民工享受的基本公共服务范围逐步扩大，关心关爱农民工的社会氛围正在形成。但农民工就业稳定性不强，劳动保障权益受侵害的现象还时有发生，享受基本公共服务的范围仍然较小，大量长期在城镇就业的农民工还未落户，流动人口的社会保障制度仍需调整与巩固。

（一）巩固阶段的流动人口社会保险政策

2007 年开始，流动人口逐渐享受公共服务权益。同年，中央综合治理委员会颁布《关于进一步加强流动人口服务和管理工作的意见》，要求开始实施居住证制度，无论是流入地还是流出地，相关政府部门都要重视流动人口的管理与服务工作，城镇本区的经济发展与社会规划都离不开本地就业与居住的流动人口；政府部门要高度重视流动人口对公共福利体系的需求，在城镇的公共设施建设方面要考虑到新增流动人口的权益需要，逐步改革完善城镇的公共福利体系的建设。自该意见颁布开始，我国政府开始对流动人群的社会保障福利给予更多的关注，流动人口的社会保障制度真正开始实行。

2007 年 7 月 4 日，《民政部关于进一步建立健全临时救助制度的通知》中未

将流动人口作为对象。由于其他社会救助与低保制度的挂钩特征往往不面向流动人口，2008 年 11 月 5 日，人社部、公安部颁布了《关于全国优秀农民工在就业地落户的通知》，指出国务院农民工工作联席会议决定，对 1000 名全国优秀农民工进行表彰，根据《国务院关于解决农民工问题的若干意见》的精神，对农民工中的先进代表、劳动模范、对社会具有突出贡献者等要优先准予落户，将其户籍迁入流入工作所在地，破除城乡二元户籍制度。

2009 年，人社部印发了《关于基本医疗保险异地就医结算服务工作的意见》。在完善市级统筹方面，要以全面实现市域范围内医疗费用直接结算为目标，做到基金预算、筹资待遇政策、就医管理的统一和信息系统的一体化衔接；规范省内异地就医方面，各省份要建立完善省级异地就医平台，建立统一的医保技术标准库，规范异地就医结算办法和经办流程，完善定点医疗机构管理办法和异地就医报备制度。在跨省医疗费用结算管理方面，该意见明确要重点解决跨省异地安置退休人员住院医疗费用的直接结算问题，并做好异地转诊、异地急诊人群的就医管理。2009 年 12 月 31 日，人社部、卫生部、财政部颁布《关于印发流动就业人员基本医疗保障关系转移接续暂行办法的通知》中规定：城镇职工基本医疗保险、城镇居民基本医疗保险和新农合等三类医疗保险的参保人员流动就业时，参保将能够连续，基本医疗保障关系将能顺畅接续。

2010 年 8 月 6 日，民政部颁布《关于进一步加强城市低保对象认定工作的通知》，该通知突破了对低保流动人口政策法律上的认定准则。该通知提出，原则上，若流动人口户籍不在就业地的，不能向就业地申请低保待遇，但是在特殊条件下也可申请现居住地的低保待遇。一些地方如成都市、深圳市、嘉兴市等城市对于居住一定年限的流动人口给予了居民待遇，例如，成都市 2011 年开始取消暂住证，以居住状态重新界定"居民"范围。嘉兴市是第一个设立新居民事务局来重新界定"居民"身份的城市。一旦流动人口申请到流入地的居住证，则可享受现居住地居民同等的公共权益，如可享受医疗保障权益、申请经济房等。倘若长期居住且拥有稳定收入者可进行户籍改签，落户于当地。许多城市都对增加流动人口的社会权益进行了进一步的探索，使流动人口进城后更加有归属感，享受的社会公共权益更加市民化。但是，我们应清醒地认识到，流动人口所享受到的社会保障还较少，他们所获得的相当一部分的帮助更多地来自民间公益团体组织。

2010 年颁布、2011 年 7 月 1 日起正式实施的《社会保险法》要求将流动进城的农民工纳入享受社会保险法的范畴。该法案标志着有关农民工社会保障制度的逐渐基本确立。虽然政府大幅度提高了流动人口的参保率，但由于转移接续规定须累积满 15 年，再次引发退保现象。现行《社会保险法》规定，参加基本养老保险的个人，达到法定退休年龄时累计缴费满 15 年的，按月领取基本养老金。在一个城市就业年限达到 10～15 年的流动人口是少数的，这就意味着绝大部分流动人口会在户籍所在地享受基本养老保险。通常流动人口的原籍地的工资水平低于流入地的工资水平，这意味着绝大部分流动人口能领取到的养老金将大大缩水。

在关注公共文化福利体系建设的方面，2011 年发布的《中共中央关于深化文化体制改革、推动社会主义文化大发展大繁荣若干重大问题的决定》提到引导企业、社区积极开展面向农民工的公益性文化活动，尽快把农民工纳入城市公共文化服务体系。2012 年 5 月 16 日，国务院印发《国家基本公共服务体系"十二五"规划》，规划从三个方面强调了对流动人口的公共服务。在养老保障上，要求在原有职工养老保险受众群体的基础上，要进一步扩大能够享受职工基本养老保险的群体，重点强调了保障农民工、灵活就业者的基本权益；在医疗保障上，同样要求在原有职工养老保险受众群体的基础上，保障以农民工为主的流动灵活工作者的医保权益，扩大参保范畴；在公共卫生服务上，将流动人口纳入社区卫生计生机构服务对象。要改革完善流动人口信息制度，对流动人口基本信息应坚持随时记录、不断更新、及时共享的原则。

2013 年，全国流动人口总量为 2.45 亿，占全国人口总量的 18％，其中 80％从农村流入城镇。流动人口所获得的基本公共服务，与城镇户籍人口相比还有比较明显的差距。2013 年 11 月 12 日，《中共中央关于全面深化改革若干重大问题的决定》确定"建立更加公平可持续的社会保障制度"的改革目标。短期内，最为紧迫的是持续地推进流动人口社会保险的转移接续政策与异地支付政策的出台与落实。2013 年 12 月 19 日，国家卫生计生委办公厅印发《流动人口卫生和计划生育基本公共服务均等化试点工作方案的通知》，指出在全国 40 个城市启动流动人口卫生和计划生育基本公共服务均等化试点工作。试点工作促进了流动人口卫生和计划生育信息的共享与应用，提高了流动人口卫生和计划生育基本公共服务可及性和水平。

2014 年 2 月 24 日，人社部、财政部《关于印发〈城乡养老保险制度衔接暂行办法〉的通知》，要求做好城乡养老保险制度衔接工作，促进劳动力的合理流动，保障广大城乡参保人员的权益，这对健全和完善城乡统筹的社会保障体系具有重要意义。

由于大部分流动人口无法真正融入流入地的社会生活，长期以来的户籍制度使得进入城市里的、统计为 2.34 亿的农民工及家属不能享受与城镇居民等同的公共服务。2014 年 3 月 16 日，中共中央、国务院颁布《国家新型城镇化规划（2014—2020 年）》，提出突破原有的城乡分割的户籍制度，只要符合条件的农业流动人口，即可将户籍迁移落户于城镇，在医疗、就业、养老等方面享受与本市居民等同的基本服务。社会保险方面，该规划依法将农民工纳入城镇职工基本医疗保险的参保范围，允许灵活就业的农民工参加当地城镇居民基本医疗保险，完善社会保险关系转移接续政策。医疗卫生方面，该规划加强农民工聚居地疾病监测、疫情处理和突发公共卫生事件应对，鼓励有条件的地方将符合条件的农民工及其随迁家属纳入当地医疗救助范围。

流动人口进入城市后由于受到户籍制度的限制，享受不到城市居民的保障待遇，表现如下：非本地户口的流动人员不能领取养老金、失业金；不能享受看病优惠政策；无法获得最低生活保障制度的救助等。2014 年 7 月 30 日，国务院印发《国务院关于进一步推进户籍制度改革的意见》，指出严格控制特大城市人口规模。政府将改进进区人口 500 万以上的城市现行落户政策，建立完善积分落户制度。党的十八大和十八届三中全会精神提出，深化医药卫生体制改革和落实计划生育基本国策的总体要求，以推动流动人口服务管理体制改革为动力，在推进户籍制度改革中不断创新工作机制，建立起"政策统筹、保障有力、信息共享、科学评估"的流动人口基本公共卫生计生服务均等化运行机制；完善覆盖流动人口、方便可及的卫生计生服务网络体系。

2014 年 9 月 12 日，国务院下发《国务院关于进一步做好为农民工服务工作的意见》，指出要进一步做好新形势下为农民工服务工作，切实解决农民工面临的突出问题，有序推进农民工市民化。该意见提出了四个方面的政策措施：一是着力稳定和扩大农民工就业创业；二是着力维护农民工的劳动保障权益；三是着力推动农民工逐步实现平等享受城镇基本公共服务和在城镇落户；四是着力促进农民工社会融合。

2014 年 10 月 30 日，国家卫生计生委、中央综治办、国务院农民工办、民政部、财政部发布《关于做好流动人口基本公共卫生计生服务的指导意见》，指出主要任务如下：第一，按照属地管理的原则，将流动人口基本公共卫生计生服务均等化工作纳入基层综治中心、流动人口服务中心等部门的职责之中。农民工工作协调机构要加强对农民工及相关基本公共服务均等化工作的统筹协调，民政部门要将流动人口基本公共卫生计生服务纳入社区服务体系建设。第二，将流动人口纳入社区卫生计生服务对象。从保障流动人口基本公共卫生计生服务和提供流动人口最迫切需要的服务项目入手，逐步为流动人口提供更为全面的基本公共卫生计生服务，不断提高流动人口的幸福感和满意度。第三，建立与统一城乡户口登记制度相适应的卫生计生机制。落实好流动人口居住证制度，发挥卫生计生基层工作人员密切联系流动人口的优势，不断提高流动人口具备健康素养的人所占的比例。第四，建立健全流动人口信息共享机制。第五，调动社会力量，各地要充分发挥计划生育协会等群团组织和社会组织在流动人口服务管理中的社会协同作用。

2014 年 11 月 18 日，人社部、财政部、国家卫生计生委联合印发了《关于进一步做好基本医疗保险异地就医医疗费用结算工作的指导意见》，要求首先要进一步加强新农合项目的信息化建设，其次使有关新农合的异地就医报销工作顺利得到推进，最后推动流动人口医保关系异地转接的实施顺利流畅。该指导意见的发布更好地完善了流动人口的医疗保障关系，更好地解决了流动人口医疗报销异地就医结算难的问题。2015 年 2 月 15 日，中央审议通过《关于全面深化公安改革若干重大问题的框架意见》及相关改革方案，提出扎实推进户籍制度改革，取消暂住证制度，全面实施居住证制度，建立健全与居住年限等条件相挂钩的基本公共服务提供机制。此项改革有利于进一步完善流动人口的社会保障服务体系，使流动人口也能享受与当地居民相等的福利政策。

（二）巩固阶段的流动儿童教育政策

2008 年 7 月 30 日，国务院专门召开研究义务教育问题常务会议，会议指出应认真关注流动儿童入学问题，解决好流动儿童在现居地就学难问题，重申"两为主"政策，切实办好流动儿童在流入地就近入学的问题，会议强调只要流动儿童按规定符合流入地入学接收条件，当地有关单位就一定要合理安排具有入学条件的流动儿童就近入学，不得对其另外收取借读费或学杂费等费用，当地公办学校应积极接收。

2012 年 7 月 11 日，国务院印发《国家基本公共服务体系"十二五"规划》，规划提出以流入地全日制公办中小学为主，保证流动儿童平等接受义务教育，并研究制定接受义务教育后在当地参加升学考试的办法。完善城乡义务教育学校的资源共建共享和对口交流支援制度。2014 年 9 月 12 日，《国务院关于进一步做好为农民工服务工作的意见》中明确了流动儿童平等接受教育的权利。加大公办学校教育经费投入，保障流动儿童平等接受义务教育的权利。公办义务教育学校要普遍对流动儿童开放，与城镇户籍学生混合编班，统一管理，积极创造条件，着力满足流动儿童接受普惠性学前教育的需求。

2014 年 3 月 16 日，中共中央、国务院发布的《国家新型城镇化规划（2014—2020 年）》中明确提出保障流动儿童平等享有受教育权利，足额拨付教育经费，保障流动人口的子女接受的九年义务教育以公办学校为主。该规划还强调对中等职业教育以及学前教育，政府教育部门应逐步改革与完善，建立健全流动儿童的升学考试实施规则，改革完善流动儿童在现居住地的升学办法，改善当前流动儿童升学率较低、接受教育水平较低的现状，进一步提高流动儿童的受教育程度。

（三）巩固阶段的流动人口住房福利政策

2007 年 8 月 7 日，《国务院解决城市低收入家庭住房困难的若干意见》出台，将住房保障对象由原来的最低收入家庭扩大到低收入家庭，并将农民工看作城市中其他住房困难群体。该意见再次指出要多渠道改善农民工居住条件，在工业园区建设的或是在开发区建设的集体宿舍不能向农民工以外的其他个人租售，应以较低价格出租给农民工，且不能以当地商品房的价格租售；对流入人口集中的城镇，应建设适合农民工居住的房屋，不应再要求农民工缴纳住房公积金来用于其住房租赁或购买。

2007 年 9 月 26 日，《廉租住房保障办法》将户籍列为申请的必要条件，显然广大流动人口未能享受到住房福利。为逐步改善农民工居住条件，保障农民工合法权益，2007 年 12 月 5 日，建设部、国家发改委、财政部、劳动保障部、国土资源部颁布了《关于改善农民工居住条件的指导意见》，提出解决城市低收入家庭住房困难工作对象扩大到农民工家庭，逐步完善农民工的住房条件，进一步建立健全农民工的住房福利政策。该指导意见是有关农民工人群住房的第一个政策性专门文件。

2009 年 12 月 31 日，中共中央、国务院印发了《关于加大统筹城乡发展力度进一步夯实农业农村发展基础的若干意见》，指出要改变当前的农民工整体居住环境差的现状，扩宽渠道改善农民工住房条件；规定集中流入地区且有一定经济基础的城镇可将在流入地城市居住满一定年限且拥有稳定收入的农民工纳入城镇住房保障体系。这是中央一号文件首次提出要改善农民工居住条件，也是首次提出有条件的城市可将符合条件的农民工纳入城镇住房保障体系。

2010 年 6 月 8 日，为加快发展公共租赁住房，住房和城乡建设部等七个部门共同印发了《关于加快发展公共租赁住房的指导意见》，指出有一定经济条件的流入地区可以将在流入地居住满一定年限且有稳定收入的农民工纳入公共租赁住房体系；在农民工集中的开发区和工业园区，应建设公共租赁住房，面向用工单位或园区就业人员出租。可见，政府对农民工的住房保障政策已经更多地从所有权方面转向了使用权方面。此后，浙江、安徽、山东、陕西、河北、福建、广东、北京和上海等省市陆续探索将流动人口纳入保障房范围的措施。2011 年 9 月 3 日，国务院办公厅发布了《关于保障性安居工程建设和管理的指导意见》，要求在未来直到"十二五"期末时期，流动人口住房条件得到提高，城市住房覆盖面得到扩大。该意见还要求进一步发展公共租赁租房，以进一步满足在城市居住的流动人口的住房需求。

2012 年 7 月 11 日，国务院印发《国家基本公共服务体系"十二五"规划》。该规划指出要向"城镇稳定就业的外来务工人员"提供公共租赁住房。更重要的是，该规划提出了要促进基本公共服务均等化的目标，而根据基本公共服务均等化的内涵，满足流动人口的基本住房需求、实现流动人口基本住房保障应该是实现基本公共服务供给和基本公共服务均等化的内容之一。

2012 年 7 月 15 日，住房和城乡建设部印发了《公共租赁住房管理办法》，其中第三条提出在限定建设标准和租金水平的前提下，建设公共租赁住房，作为用于出租的保障性住房，其适用对象不仅包括城市中低收入者居住困难人员，还包括在城镇拥有稳定收入的流动人口。该办法首次明确将农民工纳入城镇公共租赁住房保障体系。2013 年 4 月 3 日，住房和城乡建设部印发了《关于做好 2013 年城镇保障性安居工程工作的通知》，要求完善保障性住房分配与管理机制，使困难群众能够获得住房保障、最困难群众优先获得住房保障。

2013 年，国务院办公厅印发了《关于继续做好房地产市场调控工作的通知》，指出在规定时间 2013 年内，流入地聚集城市（地级以上）将在本地居住一定年限且具有稳定收入的流动务工人员纳入住房保障体系。但是，该通知也指出外来务工人员的住房保障水平仍然是低水平的，只适用于公共租赁住房，不能享受适用于户籍人群的经济适用房以及廉租房。2014 年 3 月 16 日，中共中央、国务院发布的《国家新型城镇化规划（2014—2020 年）》明确提出要规划更具体的针对农业流动人群的住房保障政策，其大体分为两类：一种是采取租赁补贴、廉租房、公共租赁房等方式对外来务工人口进行保障；另一种采取扩大住房供应的方式（如准许产业园区以及开发区建设用于外来务工人员居住的租赁住房），或推动社会资本投资保障住房，或探索新型方式（如由农村组织集体建设）。

2014 年 6 月，住房和城乡建设部发布《住房城乡建设部关于并轨后公共租赁住房有关运行管理工作的意见》，明确廉租住房和公共租赁住房并轨运行后住房保障对象包括"稳定就业的外来务工人员"。

2014 年 9 月 12 日，《国务院关于进一步做好为农民工服务工作的意见》提出，统筹规划城镇常住人口规模和建设用地面积，将解决农民工住房问题纳入住房发展规划；支持增加中小户型普通商品住房供给，规范房屋租赁市场，积极支持符合条件的农民工购买或租赁商品住房，并按规定享受购房契税和印花税等方面的优惠政策；完善住房保障制度，将符合条件的农民工纳入住房保障实施范围；加强城中村、棚户区环境整治和综合管理服务，使居住其中的农民工住宿条件得到改善；农民工集中的开发区、产业园区可以按照集约用地的原则，集中建设宿舍型或单元型小户型公共租赁住房，面向用人单位或农民工出租；允许农民工数量较多的企业在符合规划和规定标准的用地规模范围内，利用企业办公及生活服务设施用地建设农民工集体宿舍，督促和指导建设施工企业改善农民工住宿条件；逐步将在城镇稳定就业的农民工纳入住房公积金制度实施范围。

综上所述，政府出台的解决农民工住房问题的政策正逐步深化：从最初的将解决农民工住房问题作为农民工工作和生活权益的一项内容，到将农民工视为城市低收入住房困难群体中的特殊群体，把解决农民工住房问题看作解决城市低收入住房困难群体的住房问题，再到把解决农民工住房问题作为实现全民住有所居的重要内容，将解决农民工住房问题作为城市公共服务体系建设和公共服务均等化的内容和要求。这一过程反映出社会的进步。至此，农民工的住房问题不再只是单纯的住房问题，而是上升到了市民权利的高度；农民工的住房问题不再是独立于城市住房保障和供应体系之外的特殊问题，而是嵌入进城市住房保障和供应体系之中的重要问题。

第二节　流动人口的社会保险和住房公积金覆盖率及其影响因素分析

根据国家卫生计生委 2010 年 12 月的全国性大规模调查数据，我们对城市外来流动人口的社会保险和住房公积金覆盖率及其影响因素进行了研究。研究发现，教育和培训提高了流动人口的参保率；企业所有制性质、有无劳动合同，明显影响流动人口的参保率；农民工各项社会保险的参保状况明显低于城—城流动人口，并且中部地区流动人口的社会保险参保率明显低于东部和西部地区。流动人口不再是被动的社会保险获得者，已经有了一定的主动权。提高流动人口社会保险覆盖率的政策设计除了应加强流动人口的职业培训和教育之外，还应严格落实新《中华人民共和国劳动合同法》的各项政策，将农民工作为社会保险扩面工程的重点人群，并将中部地区作为扩面工程的重点区域。

一、流动人口社会保险和住房公积金覆盖率及其影响因素分析的意义

截至 2019 年底，我国流动人口的数量高达 2.36 亿人。[①] 外来流动人口大多在次级劳动力市场就业，其所处的工作环境较差，从事的工作稳定性较低，因此其面临较大的社会风险。各项社会保险可以有效化解流动人口的社会风险，给予流动人口一定的社会保护，使其享受到养老、医疗、就业和住房等方面的社会福利，这对整个社会的和谐稳定十分重要。但是，我国长期以来实行以户籍制度为基础的社会保障体系，大部分流动人口没有参加社会保险。20 世纪 80 年代后

---

① 　数据源于国家统计局。

期，乡—城流动人口（即农民工）开始进入城市务工。然而，他们的身份得不到当地政府及当地居民的承认，他们也无法获得与当地居民同等的社会保险权益。城—城流动人口与农民工几乎同时涌现，他们同样因为没有当地户籍而面临社会保险缺失的问题。

研究流动人口的社会保险的覆盖率及影响因素，对各级政府制定相关政策有重要意义。首先，提高流动人口的社会保险覆盖率体现了政府反对就业歧视。就业歧视导致流动人口的收入减少、社会保险权益受损。因此，促进流动人口参加社会保险，有助于实现流动人口与当地户籍劳动力同工同酬。其次，提高流动人口的社会保险覆盖率对政府制定相关的劳动力就业率与再就业政策具有促进作用。流动人口参加的社会保险往往需要被用人单位或企业纳入城镇职工社会保险范围之内。因此，流动人口社会保险覆盖率的提高必然有利于劳动力的就业率与再就业率的提高。最后，提高流动人口的社会保险覆盖率有利于建立城乡统一的劳动力市场。

20世纪80年代后期，随着我国对外开放和城市改革的不断深入，东南沿海城市的第二、第三产业迅速发展，对劳动力的数量提出了迫切需求，导致大量农民外出到城市务工，这对我国工业化和城市化的发展起到了重要的推动作用。流动人口进入城市后与流入地居民在同一地域工作和生活，完成了提高城市化的第一步，即在空间上的横向融合，这是提升城市化质量的重要前提条件。流动人口在经济、心理、行为和身份等方面充分融入城市，即经济和社会方面的纵向融合，有利于提高城市化质量。提高城市化质量最重要的政策措施之一就是提升流动人口的社会保险覆盖率。将流动人口纳入社会保险范围，可以为其规避风险，减轻其生活成本，增强流动人口的安全感和其对城市的认同感，同时减少了其一定的额外开支，间接增加了流动人口的收益。当地政府和企业如重视流动人口的社会保险覆盖率，就能够吸引具备较高人力资本的劳动力，使其为当地的经济社会发展做出贡献。

二、流动人口社会保险和住房公积金覆盖率及其影响因素的数据来源和描述性统计

（一）流动人口社会保险和住房公积金覆盖率及其影响因素的数据来源

流动人口社会保险覆盖率及其影响因素分析的数据来源为国家卫计委2010年12月进行的全国性大规模调查。该次调查在全国31个省（市、自治区）展开。调查对象为在本地居住一个月以上、非本区（县、市）户口，并且年龄段处

于 16～59 周岁的外来流动人口。调查样本的选择采用三阶段与规模成比例（PPS）的方式，随机抽取调查样本。所有调查员都在经过正式培训并且合格之后才能参与正式现场调查。由于流动人口的流动性较强，并且工作和作息时间不规律，现场调查员提前 2～3 天与调查对象约定入户调查的具体时间。每个样本街道设置一名调查督导员，进行调查质量的监控。调查督导员负责解决辖区内现场调查员遇到的问题，并随机抽取 5% 的调查样本进行回访，以确保调查质量。该次调查共调查了 106 个城市的 122670 名外来流动人口，其中有 105622 名农民工，17048 名城—城流动人口。根据研究目的，仅保留以就业为目标的外来流动人口样本，删除在校学生和操持家务者的观测值，最终得到 103682 个观测值。[①]

（二）流动人口社会保险和住房公积金覆盖率及其影响因素的描述性统计分析

如表 6-1 所示，外来流动人口的整体社会保险和住房公积金覆盖率较低，社会保障严重不足。在这"五险一金"中，覆盖率最高的是养老保险，为 18.14%，即有 81.86% 的流动人口不拥有养老保险；参加医疗保险的流动人口比例为 16.66%，即流动人口中有 83.34% 的人没有参加医疗保险，一旦流动人口发生重疾病，将会对流动人口及其家庭造成较大的打击；工伤保险的覆盖率为 11.95%，即没有参加工伤保险的流动人口比例高达 88.05%；失业保险、生育保险和住房公积金的覆盖率仅为 7.89%、5.44% 和 2.02%，即没有这三项社会保险的流动人口比例高达 90% 左右。从总体来看，流动人口的社会保险参与状况不容乐观，尤为令人担忧。

表 6-1　流动人口社会保险主要变量的描述性统计

分类变量	变量名	均值或百分比	标准差
因变量	养老保险（%）	18.14	0.39
	医疗保险（%）	16.66	0.37
	工伤保险（%）	11.95	0.32
	失业保险（%）	7.89	0.27
	生育保险（%）	5.44	0.23
	住房公积金（%）	2.02	0.14

---

① 秦立建，惠云，王震. 流动人口的社会保险覆盖率及其影响因素分析 [J]. 统计研究，2015 (1)：68-72.

分类变量	变量名		均值或百分比	标准差
自变量	性别（男性＝1）（%）		58.61	0.49
	新生代农民工（新生代农民工＝1）（%）		40.54	0.49
	教育程度（%）	小学及以下	15.31	0.36
		初中	57.11	0.49
		高中	20.68	0.40
		大专及以上	6.91	0.25
	职业培训（有＝1）		13.95	0.35
	婚姻状况（%）	单身	23.03	0.42
		已婚独自外出	13.22	0.34
		与配偶共同外出	63.75	0.48
	户籍类型（农业户籍＝1）		85.99	0.35
	社会资本（%）	个体型	53.27	0.5
		关系型	41.47	0.49
		现代型	5.26	0.22
	签订合同（有＝1）		26.95	0.44
	企业类型（%）	个体工商企业	46.44	0.50
		国有企业	6.80	0.25
		私营企业	31.23	0.46
		外资企业	4.84	0.20
		其他类型企业	10.69	0.31
	行业（%）	制造业	22.17	0.42
		建筑业	8.17	0.27
		交通运输业	4.28	0.20
		批发零售业	24.18	0.43
		住宿餐饮业	13.80	0.34
		社会服务业	13.22	0.34
		科教文卫业	3.95	0.19
		其他行业	10.24	0.30

分类变量	变量名		均值或百分比	标准差
自变量	打工所在城市类型（%）	省会城市	58.67	0.49
		地级市城市	37.35	0.48
		县级城市	3.98	0.20
	地区（%）	西部地区	27.43	0.45
		中部地区	25.39	0.44
		东部地区	47.18	0.50
连续变量（均值）	流动时长（年）		4.62	4.70
	月工资（元）		2627.55	6775.18
	全年往家乡汇款额（元）		2866.39	5255.36

样本中男性占 58.61%，女性占 41.39%，男性的比例高于女性。新生代农民工的比例为 40.54%，略低于老一代农民工。初中及以下受教育程度流动人口的比例达到 72.42%，高中学历流动人口的比例为 20.68%，仅有 6.91% 的流动人口接受过大专及以上的教育，这表明流动人口的整体受教育程度较低。从职业培训来看，仅有 13.95% 的流动人口接受过职业培训，这表明流动人口整体劳动技能不高。样本中 85.99% 的流动人口是农村居民（即农民工），这一比例远远高于城—城流动人口。在婚姻状况方面，63.75% 的流动人口是与配偶共同外出的，单身者的比例为 23.03%，已婚单独外出者仅为 13.22%，这表明流动人口的家庭负担较重，需要社会保险规避生活和工作上的风险。

仅有 26.95% 的流动人口签订了劳动合同，这说明流动人口的工作稳定性较差。在国有企业和外资企业工作的流动人口比例分别是 6.80% 和 4.84%，而位于个体工商企业和私营企业务工的流动人口比例高达 46.44% 和 31.23%。在体制外或非公有制企业中务工的流动人口比例达到了 92.51%，在体制内或国有企业中的流动人口就业比例仅为 6.80%。这说明流动人口非正规就业的比例较高，不利于提高社会保险的覆盖率。流动人口从事的行业主要为批发零售业和制造业，人数比例分别为 24.18% 和 22.17%，从事住宿餐饮业的流动人口的比例为 13.80%，从事社会服务业的流动人口与从事住宿餐饮业的流动人口仅差 0.58%，为 13.22%。从事建筑业的流动人口比例为 8.17%，从事交通运输业的流动人口比例为 4.28%，从事科教文卫的流动人口最少，仅为 3.95%。流动人口的月平均工资为 2627.55 元。

相比于地级市城市和县级城市，省会城市一般为全省的经济、政治和科教文卫的中心，因此，流动人口多在各省会城市打工，占比达到了 58.67%，在地级市城市务工的流动人口比例为 37.35%，仅有 3.98% 的流动人口在县级城市务工。从流动人口的流入地区来看，相比于中部地区和西部地区，我国东部地区的经济发展水平更高，就业机会更多，因此东部地区为我国流动人口的主要聚集地，东部地区的流动人口占比达到 47.18%，远高于中、西部地区的流动人口数量。西部地区的流动人口比例为 27.43%，中部地区的流动人口比例为 25.39%，西部地区的流动人口数量略大于中部地区。全部流动人口的流动平均时长为 4.62 年。

表 6-2 是不同受教育程度流动人口的社会保险及住房公积金覆盖率情况。总体来看，所有社会保险项目的覆盖率都随着教育水平的提高而增加。五项社会保险的覆盖率以高中学历为分界线，高中以上学历的流动人口的参保率是高中以下学历流动人口的参保率的四倍以上，高中以上学历享有住房公积金的流动人口数量约是高中以下学历享有住房公积金的流动人口数量的 16.97 倍。在各项社会保险中，从处于同一受教育水平的流动人口参保情况中，养老保险的参保比例最大，住房公积金的参加比例最小。小学及以下、初中、高中和大专及以上受教育程度的流动人口参加养老保险的比例分别是 7.75%、13.18%、27.59% 和 53.87%，参加医疗保险的比例分别为 6.97%、11.84%、25.46% 和 51.59%，参加工伤保险的比例分别为 4.77%、8.35%、18.28%、38.67%，参加失业保险的比例分别为 2.6%、4.80%、12.55%、31.77%，参加生育保险的比例分别为 1.58%、3.19%、8.56%、23.20%；小学及以下、初中受教育程度的流动人口享有住房公积金的比例仅为 0.21% 和 0.75%，而高中、大专及以上教育程度的流动人口享有住房公积金的比例有较大幅度的提升，分别为 3.15% 和 13.14%。

表 6-2 不同受教育程度流动人口的社会保险及住房公积金覆盖率（单位:%）

教育程度	养老保险	医疗保险	工伤保险	失业保险	生育保险	住房公积金
小学及以下	7.75	6.97	4.77	2.36	1.58	0.21
初中	13.18	11.84	8.35	4.80	3.19	0.75
高中	27.59	25.46	18.28	12.55	8.56	3.15
大专及以上	53.87	51.59	38.67	31.77	23.20	13.14

表 6-3 是不同所有制类型的流动人口社会保险参保和住房公积金享有状况。整体看来，外资企业员工的参保状况较好，其次是国有企业员工，私营企业和个体工商企业员工的参保状况较差。从养老保险的参保情况来看，外资企业和国有企业员工的参保率分别为 64.03% 和 52.69%，而私营企业和个体工商企业员工的参保率仅为 24.05% 和 6.94%；在医疗保险方面，个体工商企业员工的参保率仅为 5.84%，私营企业的参保率比个体工商企业员工高出 16.43%，为 22.27%，

而国有企业和外资企业员工的参保率达到了 50.79% 和 61.22%；从工伤保险的参保情况来看，个体工商企业员工的参保率仅为 1.97%，私营企业员工的参保率为 17.43%，私营企业员工参保率为个体工商企业员工的 8.85 倍，而国有企业员工的参保率为 38.67%，为个体工商企业员工参保率的 19.63 倍，外资企业员工的工伤保险参保率为 55.87%。在失业保险方面，个体工商企业、私营企业、国有企业和外资企业的覆盖率分别为 1.07%、10.63%、29.38% 和 40.23%，私营企业员工的参保率比个体工商企业员工高出 9.56%，国有企业员工的参保率比个体工商企业和私营企业员工高出 28.31% 和 18.75%。在生育保险和住房公积金方面，个体工商企业的覆盖率仅为 0.59% 和 0.10%，私营企业的覆盖率也仅为 7.30% 和 1.76%，而国有企业的生育保险和住房公积金的覆盖率分别为个体工商企业的 33.39 倍和 110.10 倍，为私营企业的 2.70 倍和 6.26 倍，外资企业的生育保险和住房公积金的参保比例为个体工商企业的 50.59 倍和 133.20 倍，为私营企业的 4.09 倍和 7.57 倍。

表 6-3　不同所有制企业流动人口的社会保险及住房公积金覆盖率（单位：%）

企业所有制类别	养老保险	医疗保险	工伤保险	失业保险	生育保险	住房公积金
个体工商企业	6.94	5.84	1.97	1.07	0.59	0.10
国有企业	52.69	50.79	38.67	29.38	19.70	11.01
私营企业	24.05	22.27	17.43	10.63	7.30	1.76
外资企业	64.03	61.22	55.87	40.23	29.85	13.32
其他类型企业	6.78	5.40	2.39	1.20	0.93	0.28

表 6-4 是不同户籍类型流动人口的社会保险参保及住房公积金享有状况比较。在各个社会保险项目上，农民工的参保率都远低于城—城流动人口。在养老保险方面，农民工的参保率为 15.04%，而城—城流动人口的参保率达到 37.16%，城—城流动人口的参保率是农民工参保率的 2.47 倍；参加医疗保险的农民工比例为 13.78%，城—城流动人口的参保比例则达到了 34.32%，城—城流动人口的参保率为农民工参保率的 2.49 倍；享有工伤保险的农民工比例为 10.12%，而参加工伤保险的城—城流动人口的比例为 23.17%，城—城流动人口的参保率为农民工参保率的 2.29 倍；享有失业保险的农民工比例仅为 6.20%，而城—城流动人口参加失业保险的比例则达到了 18.30%，为农民工参保率的 2.95 倍；从流动人口的生育保险参保情况来看，农民工的参保比例仅为 4.27%，而城—城流动人口的参保比例则达到了 12.64%，为农民工参保率的 2.96 倍；对于享有住房公积金的比率，农民工为 1.24%，而城—城流动人口达到 6.81%，享有住房公积金的城—城流动人口是农民工的 5.49 倍。

表 6 - 4　不同户籍类型流动人口的社会保险及住房公积金覆盖率（单位:%）

户籍类型	养老保险	医疗保险	工伤保险	失业保险	生育保险	住房公积金
农民工	15.04	13.78	10.12	6.20	4.27	1.24
城—城流动人口	37.16	34.32	23.17	18.30	12.64	6.81

表 6 - 5 是有无劳动合同流动人口的社会保险及住房公积金覆盖状况，签订工作合同的流动人口享有各项社会保险的比例远高于没有工作合同的流动人口。签订工作合同的流动人口参加养老保险的比例为 49.44%，而没有劳动合同的流动人口养老保险的比例仅为 6.59%，签订劳动合同的流动人口参加养老保险的比例为没有签订劳动合同的流动人口的 7.50 倍；签订劳动合同的流动人口参加医疗保险的比例为 46.74%，是没有签订劳动合同的流动人口的 8.41 倍；在工伤保险方面，签订工作合同的流动人口比例为 38.33%，是没有签订工作合同的流动人口的 17.27 倍；签订劳动合同的流动人口参加失业保险的比例为 26.48%，而没有签订劳动合同的流动人口参加失业保险的比例仅为 1.04%，前者为后者的 25.36 倍；签订劳动合同的流动人口拥有生育保险的比例为 18.44%；在住房公积金方面，签订劳动合同的流动人口享有住房公积金的比例是没有签订劳动的流动人口的 41.35 倍。

表 6 - 5　有无劳动合同流动人口的社会保险及住房公积金覆盖率（单位:%）

有关劳动合同	养老保险	医疗保险	工伤保险	失业保险	生育保险	住房公积金
签订合同	49.44	46.74	38.33	26.48	18.44	7.03
没有合同	6.59	5.56	2.22	1.04	0.64	0.17

表 6 - 6 是流动人口参加各项社会保险的地区差异比较。从总体来看，东部地区流动人口的参保状况好于中部和西部地区，中部地区的各项社会保险的参保状况均低于西部地区，这与中部地区的经济社会发展程度不相符。从具体情况来看，在养老保险方面，中部地区的覆盖率为 10.11%，东部地区和西部地区的覆盖率分别高出中部地区 15.33% 和 2.91%；在医疗保险方面，东部地区和西部地区的参保比例为 23.69% 和 12.01%，分别高出中部地区 15.07% 和 3.39%；中部地区的流动人口工伤保险参保比例为 4.47%，东部地区则高达 1.67%，西部地区为 7.30%；在工伤保险和生育保险方面，中部地区和西部地区的覆盖率相差不大，西部地区仅比中部地区分别高出 2.08% 和 1.63%，东部地区在工伤保险和生育保险则比中西部地区高出较多，分别为 8.97% 和 6.85%；在住房公积金方面，中部地区的覆盖率仅为 0.57%，东部地区和西部地区分别为中部地区的 5.46 倍和 2.60 倍。

表6-6　不同地区流动人口的社会保险及住房公积金覆盖率比较（单位：%）

地区	养老保险	医疗保险	工伤保险	失业保险	生育保险	住房公积金
东部	25.44	23.69	18.67	12.06	8.61	3.11
中部	10.11	8.62	4.47	3.09	1.76	0.57
西部	13.02	12.01	7.30	5.17	3.39	1.48

三、流动人口社会保险覆盖率的计量方法

社会保险是劳动者总补偿的有机构成部分。享有各项社会保险是劳动者追求个体效用最大化的理性选择。随机效用模型（random utility model）能够较好地刻画和解释个体的这种理性决策行为。随机效用模型由麦克法登（MeFadden）创立，并被广泛应用。随机效用模型的标准形式见式（6.1）。

$$U^h = \gamma_h M + \varepsilon_h \quad (6.1)$$

当选择 A 时，$h=a$；当选择 B 时，$h=b$

上式中 U 表示个体做出某种决策的效用，M 代表影响个体决策的各个因素，γ 是各待估参数。流动人口是否选择参加社会保险取决于效用 U^a 与 U^b 的大小。如果 A 和 B 分别代表流动人口参加社会保险和没有参加社会保险，当 $U^a > U^b$ 时，流动人口选择参加社会保险；当 $U^a \leqslant U^b$ 时，流动人口选择不参加社会保险。当流动人口选择 A 时，$Y=1$，可以使用以下概率模型对流动人口的决策行为进行描述。

$$
\begin{aligned}
Prob\ [Y=1 \mid M] &= Prob\ [U^a > U^b] \\
&= Prob\ [\gamma_a M + \varepsilon_a - (\gamma_b M + \varepsilon_b) > 0 \mid M] \\
&= Prob\ [(\gamma_a - \gamma_b) M + \varepsilon_a - \varepsilon_b > 0 \mid M] \quad (6.2) \\
&= Prob\ [\gamma M + \varepsilon > 0 \mid M] \\
&= F\ [\gamma M + \varepsilon]
\end{aligned}
$$

如果劳动者个体面临两个决策选择，那么一般将式（6.2）设置为 Logit 模型或 Probit 模型。两者的差异在于前者假设数据属于 Logistic 的累积分布，而后者假设数据为正态分布，但是二者都使用极大似然法进行模型的参数估计。研究的样本量较大，数据呈现正态分布，因此采用 Probit 模型进行实证研究。特定的解释变量对单个劳动者做出某种选择概率的边际影响见式（6.3）。

$$\frac{\partial E\ (Y_h \mid M_h)}{\partial\ (M_h)} = f\ [\gamma M_h]\ \gamma \quad (6.3)$$

被解释变量为外来流动人口的社会保险参与，主要包括养老保险、医疗保险、工伤保险、失业保险、生育保险和住房公积金 6 个虚拟变量。参与"五险一金"之一者，赋值为 1，不参与则赋值为 0，这是一个二分类变量，研究的主要

目的是要分析影响流动人口参与社会保险的因素有哪些，即分析具备什么样特征的流动人口参加社会保险的概率更大。影响流动人口参加社会保险的因素包括个体特征、就业特征和流动特征。个体特征主要包括性别、年龄、教育、培训、婚姻状况、户籍类型、教育程度和是否接受过职业培训 8 个虚拟变量。就业特征变量包括社会资本、是否签订劳动合同、企业类型、行业 4 个虚拟变量，以及月工资 1 个连续自变量。流动特征包括流动人口的外出流动时长 1 个连续自变量，以及打工所在城市类型和流入地区 2 个虚拟变量。

人力资源和社会保障部公布的数据显示，2015 年，我国于 1980 年后出生的新生代农民工占全部外出农民工的 33.30%，为了调查新生代农民工与老一代农民工在参保方面是否有所不同，将年龄设置为二分变量（新生代农民工与老一代农民工）。户籍类型是研究的重要变量之一，设置户籍类型变量调查和比较乡—城流动人口与城—城流动人口在劳动力市场上是否存在较大程度的不平等，在社会保险的参保方面是否存在城乡差异，并将城镇户籍者赋值为 0，农业户籍者赋值为 1。受教育程度是人力资本的重要组成部分之一，也是研究的重要变量之一。将受教育程度分为四个类型，即小学及以下学历、初中学历、高中学历和大专及以上学历，以探讨受教育程度对流动人口获得社会保险的影响程度，调查是否个人受教育程度越高，参与社会保险的可能性就越大。职业培训也是积累人力资本的重要途径之一。为了比较是否接受职业培训对流动人口参加社会保险有显著影响，将未接受人力资本培训作为基础类型，将接受过职业培训作为比较类型。以就业为主要目的的女性流动人口逐渐增多，女性的社会保险权益问题应被关注。为了调查男性流动人口与女性流动人口在社会保险的参加方面是否存在显著差异，以女性流动人口为基础类型并赋值为 0，以男性流动人口为比较类型，并赋值为 1。婚姻状况会对个体的工资性收入产生一定的影响，进而影响个体购买社会保险的意愿，因此，设置单身、已婚独自外出和与配偶共同外出 3 种类型，研究不同的婚姻状况对流动人口社会保险的影响力度。

是否与用人单位签订劳动合同，可以看作劳动者在正规部门还是在非正规部门就业的划分标准之一。若劳动合同中明确规定了雇主应为雇员缴纳各项社会保险，则会影响流动人口的参保情况。为研究劳动合同的签订对流动人口社会保险参保率的影响，设置流动人口是否签订劳动合同的虚拟变量，并将未签订劳动合同者赋值为 0，签订劳动合同者赋值为 1。不同类型企业的利润不同，给予员工的福利待遇可能有较大差异，因此，我们将企业类型变量分为个体工商企业、国有企业、私营企业、外资企业和其他类型企业，来研究不同类型企业对劳动者参加社会保险的影响。不同行业有不同的性质与特征，可能对劳动者选择参加社会保险有一定的影响，因此，我们将行业分为制造业、建筑业、交通运输业、批发零售业、住宿餐饮业、社会服务业、科教文卫业和其他行业，并将制造业作为对照组，以研究不同行业对流动人口参加社会保险的影响程度。

我国不同行政级别城市的社会保险标准等方面有所不同，因此设置地级市城市、省会城市和县级城市 3 种类型，以明确流动人口务工城市的类型是否对流动人口参加社会保险的情况有影响。我国经济发展水平存在地区差异，为了明确我国流动人口务工所在地的社会保险参保率是否也存在明显的地区差异，我们对我国东部、中部、西部的流动人口的社会保险参保率进行比较分析。流动人口的流动时长反映了其工作的稳定性和融入城市的能力与意愿，因此，设置流动时长这一指标，研究流动时长是否对流动人口社会保险的参保率有显著影响。

流动人口的工资性收入对其参加各项社会保险将产生一定影响，但是社会保险也是总收入的重要组成部分，参加社会保险也将对流动人口的工资性收入产生一定的影响，因此工资性收入与社会保险参保率之间可能存在内生性问题，导致计量结果的有偏差。流动人口向老家汇款与工资性收入高度相关，与其参加各项社会保险不相关，因此以流动人口过去一年给老家的汇款金额为工资性收入的工具变量，尝试解决流动人口参保与工资性收入间的内生性问题。如果检验结果表明存在内生性问题，那么使用工具变量的 IV Probit 模型进行估计；否则，应使用普通的 Probit 模型进行估计。

四、流动人口社会保险和住房公积金覆盖率及影响因素的实证结果

表 6-7 是流动人口参加社会保险和住房公积金的影响因素的计量估计结果。内生性问题检验（Wald test）的结果表明，被解释变量为失业保险和生育保险的方程不存在内生性问题（Wald test 的值分别为 0.51 和 0.12），应使用普通的 Probit 模型进行估计。而被解释变量为养老保险、医疗保险、工伤保险和住房公积金的方程均存在严重的内生性问题，应使用工具变量的 IV Probit 模型进行估计。计量回归结果显示，受教育程度和职业培训等人力资本能够提高流动人口的社会保险参保率，签订工作合同能够提高流动人口的社会保险参保率，国有企业和外资企业中流动人口的社会保险参保率较高。这些结果说明，城市外来流动人口不是被动的社会保险覆盖者，而是各项社会保险的主动参加者。

表 6-7　流动人口参加社会保险和住房公积金影响因素的计量回归结果

变量名	养老保险	医疗保险	工伤保险	失业保险	生育保险	住房公积金
	dF/dx	dF/dx	dF/dx	dF/dx	dF/dx	dF/dx
性别	-0.16^{***}	-0.17^{***}	-0.09^{**}	-0.01^{***}	-0.02^{***}	0.06
新生代	-0.03	-0.02	0.00	0.00	0.01	0.08^{*}

续　表

变量名		养老保险	医疗保险	工伤保险	失业保险	生育保险	住房公积金
		dF/dx	dF/dx	dF/dx	dF/dx	dF/dx	dF/dx
教育（对照组：小学及以下）	初中	0.20***	0.19***	0.18***	0.03***	0.02***	0.17*
	高中	0.58***	0.56***	0.53***	0.08***	0.05***	0.55***
	大专及以上	0.73***	0.70***	0.65***	0.18***	0.12***	0.97***
	职业培训	0.11***	0.09***	0.10***	0.03***	0.01***	0.18***
婚姻状况（对照组：单身）	已婚独自外出	0.09**	0.07	0.08*	0.01***	0.01***	0.09
	与配偶共同外出	0.17***	0.15***	0.15***	0.01***	0.02***	0.27***
社会资本（对照组：个体型）	户籍类型	−0.25***	−0.23***	−0.16***	−0.02***	−0.01**	−0.25***
	关系型	−0.08***	−0.08***	0.00	−0.01***	−0.01***	−0.05
	现代型	0.18***	0.17***	0.15***	0.02***	0.01***	0.31***
	签订合同	0.96***	0.94***	0.98***	0.13***	0.07***	0.64***
	月工资	0.46***	0.47***	0.43***	0.1***	0.00	−0.41***
企业类型（对照组：国有单位）	个体工商企业	−0.71***	−0.69***	−0.65***	−0.06***	−0.03***	−0.51***
	私营企业	0.40***	−0.39***	−0.25***	−0.03***	−0.01***	−0.37***
	外资企业	0.11**	0.11**	0.25***	0.04***	0.02***	0.28***
	其他类型企业	0.09	0.08	−0.11	−0.04***	−0.02***	−1.39***
行业（对照组：制造业）	建筑业	−0.38***	−0.30***	−0.25***	−0.01	0.00	0.29***
	交通运输业	0.03	0.06	0.05	0.03***	0.01	0.24***
	批发零售业	−0.02	0.00	−0.23***	0.02***	0.00	0.17**
	住宿餐业	0.01	−0.03	−0.06	0.02***	0.00	0.00
	社会服务业	−0.02	0.04	−0.07*	0.01**	0.00	−0.04
	科教文卫业	0.00	0.09	−0.08	0.04***	0.00	0.28***
	其他行业	0.41***	0.42***	0.18*	0.01*	−0.01***	−0.53***
	流动时长	0.02***	0.01***	0.01***	0.00***	0.00***	0.03***

变量名		养老保险	医疗保险	工伤保险	失业保险	生育保险	住房公积金
		dF/dx	dF/dx	dF/dx	dF/dx	dF/dx	dF/dx
打工所在城市类型（对照组：地级市城市）	省会城市	0.15***	0.14***	0.16***	−0.05***	−0.03***	−0.31***
	县级城市	−0.64***	−0.66***	−0.84***	−0.05***	−0.03***	−0.80***
地区（对照组：中部地区）	西部地区	0.20***	0.18***	0.26***	0.03***	0.03***	0.17***
	东部地区	0.30***	0.27***	0.54***	0.02***	0.01***	0.14***
观测值数量		103682	103682	103682	103682	103682	103682
Log pseudolikelihood		−207035.20	−206638.58	−202402.02	−26848.83	−2044.60	−172454.43
Pseudo R²					0.3138	0.2657	
Wald test		0.0002	0.0001	0.0092	—	—	0.0013

注：（1）＊＊＊、＊＊和＊分别表示在1%、5%和10%的统计水平上显著；（2）Wald test是外生性检验的P值，根据检验结果，因变量为失业保险和生育保险的方程使用普通的Probit模型，而其他方程则使用IV Probit模型，工具变量为"过去一年您给老家的钱（物）合计多少元"；（3）表中报告了边际效应值（dF/dx），限于篇幅而没有报告标准差等指标。

受教育程度是重要变量之一。作为重要的人力资本组成部分，流动人口的受教育程度越高，则流动人口各项社会保险的参与率越高。相对于小学及以下文化程度，初中、高中和大专及以上文化程度的流动人口参加养老保险、医疗保险、工伤保险、失业保险、生育保险的概率较高，享有住房公积金的概率也较高。受教育程度较高者能够较好地掌握现代生产技能，较快地适应市场环境，有助于增强企业的市场竞争力，这提高了个体在劳动市场的价值，所以其能够获取较好的社会保障。相比于没有接受过职业培训的流动人口，接受过职业培训流动人口的各项社会保险参保率都比较高，参加养老保险、医疗保险、工伤保险、失业保险、生育保险和住房公积金的概率也较高。职业培训能够提高劳动生产率，使流动人口为企业创造更多的价值，提高了流动人口在劳动市场上的议价能力，有助于城市外来流动人口获取各项社会保险。

企业所有制类型是另一个重要变量。不同所有制类型的企业中流动人口各项社会保险的参保率存在较大的差异。总体来看，外资企业和国有企业中流动人口各项社会保险的参保率较高，而个体工商企业和私营企业中流动人口各项社会保险的参保率较低。外资企业的市场化程度较高，企业利润丰厚，比较注重企业的规范化运作，为员工提供了较好的福利待遇。个体工商企业和私营企业利润较低，如果为员工提供全面的社会保障，那么可能对企业的生存和发展造成一定的经济压力。

其他变量的结果也值得关注。个人特征变量的估计结果表明，在养老保险等五项社会保险方面，男性流动人口的参保率均低于女性流动人口，男性流动人口比女性流动人口在养老保险、医疗保险、工伤保险、失业保险和生育保险的参保概率有所下降，而住房公积金的参加概率有所提高。这可能是因为女性流动人口的工作更稳定，加上社会对女性权益的重视程度日益提高，女性流动人口的社会保险参保率高于男性流动人口。新生代农民工在养老保险和医疗保险的参保概率低于老一代农民工，而在工伤保险、失业保险、生育保险和住房公积金的参加概率高于老一代农民工。老一代农民工的健康状况较差，年龄相对较大，所以对养老保险和医疗保险的需求较为强烈，新生代农民工比老一代农民工的故乡情结较弱，更愿意在城市安家落户，因此，新一代农民工比老一代农民工对住房公积金的渴望更强。

户籍类型变量的结果表明，农民工各项社会保险的参保率明显低于城—城流动人口。相比城—城流动人口，农民工参加养老保险、医疗保险和住房公积金的概率下降幅度最大。这可能是因为农民工与城—城流动人口在受教育程度等人力资本方面存在差异，这两大群体在就业机会和收入方面的差别加大，[①] 进而造成了在社会保险获得上的差异。这也说明农民工比城—城流动人口的社会保障状况更加糟糕，因此，要想提高外来流动人口社会保险的参保率，就应该将农民工作为扩面工程的重点人群。从婚姻状况来看，已婚独自外出和与配偶共同外出的流动人口的各项社会保险的参加概率高于单身的流动人口。相比单身未婚的外流动者，已婚独自外出者或与配偶共同外出者的家庭负担更重，他们更关注一些不可预见的、可能会对家庭造成重大打击的突发事件，所以他们倾向于参加社会保险，以预防和规避风险。

就业特征变量的结果表明，签订劳动合同将极大地提高流动人口各项社会保险的参保率。相对于没有签订劳动合同者，签订劳动合同的流动人口参加失业保险和生育保险的概率有所提高，参加养老保险、医疗保险、工伤保险和住房公积金的概率大幅度提高。正规的劳动合同往往明确了用人单位或企业为流动人口缴出社会保险的责任，这相当于给流动人口的社会保险权益提供了法律保护，而未签订劳动合同意味着用人单位为了尽量减少人工成本而拒绝对流动人口的社会保险负责，所以签订劳动合同的流动人口的社会保险参保率往往高于未签订劳动合同的流动人口的参保率。相对于制造业，从事建筑业的流动人口养老保险、医疗保险、工伤保险和失业保险的参加概率分别降低了，生育保险的参保概率与从事制造业的流动人口持平；从事建筑业的流动人口享有住房公积金的概率有所提

① 陈传波，阎竣. 户籍歧视还是人力资本差异：对城城与乡城流动人口收入差距的布朗分解 [J].华中农业大学学报（社会科学版），2015（5）：9-16.

高；在养老保险、医疗保险、失业保险和生育保险方面，从事交通运输业、批发零售业、住宿餐饮业、社会服务业和科教文卫业流动人口的参保概率变化不大；在工伤保险方面，从事批发零售业流动人口的参保概率相对于制造业来说有所下降；在住房公积金方面，从事交通运输业、批发零售业和科教文卫业的相对于制造业的享有概率有所提高。从事建筑行业的流动人口的工作稳定性最差，他们更关注短期工资性收入，而忽视了长远发展，所以从事建筑行业的流动人口的社会保险参保率最低，最令人担忧，他们迫切需要得到社会各界的关注。

由于我国社会保险的个人缴费以工资性收入为基础，当流动人口的工资上涨时，他们便有更大的能力为自己购买社会保险，所以月工资与其社会保险参保率呈显著的正相关。

流动特征变量的结果表明，相比于地级市城市，县级城市的流动人口参加养老保险、医疗保险、工伤保险、失业保险、生育保险和享有住房公积金的概率下降，省会城市的流动人口参加养老保险、医疗保险和工伤保险的概率相对提高，参加失业保险、生育保险和享有住房公积金相对降低。省会城市流动人口的工资性收入最高，当地政策执行情况更好，所以流动人口既有能力，又有机会参加社会保险；而县级城市在这两方面弱于省会城市，所以县级城市流动人口的社会保险参保率相比地级市城市下降很多。这表明县级城市流动人口的社会保险权益往往被忽视，应提高县级城市流动人口的社会保险参保率。

流动人口社会保险的覆盖率存在较大的地区差异，中部地区流动人口所有社会保险项目的参保率不仅低于东部地区，而且显著低于西部地区。在养老保险、医疗保险、工伤保险和住房公积金方面，相比于中部地区，西部地区流动人口的参保率更高，东部地区流动人口的参保率比西部地区流动人口更高；在失业保险和生育保险方面，相比于中部地区，西部地区和东部地区流动人口参保的概率更高。这意味着，如果中部地区不提高流动人口的社会保险覆盖率，那么将不利于中部地区吸引高质量的劳动力和长期的经济发展。

流动人口在外流动时间越长，其对城市生活就越适应，永久居留在流入地的可能性就越大，因此，他们参加社会保险的可能性就越大。

第三节　促进流动人口社会保障融入的对策

流动人口社会融入问题具有长期性、渐进性和复杂性，有关部门既要着眼于全局，完善制度和体制、机制，加大政策、措施的执行力度，[①] 又要从流动人口

① 尹德挺．人口有序管理的国际经验与中国实践：基于流动人口服务管理的视角［J］．人口与经济，2012（2）：18-24．

群体的特殊性出发，实行分类管理，以促进流动人口融入社会为目标，[①] 以流动人口社会融入的最关键环节（就业培训、住房、社会保障和公共服务）为重点，以素质、学历、技能、人力资本积累、社会保险缴纳和稳定居住等条件为主要标准改革户籍制度，采取有针对性的措施，取得新的进展。

一、加强流动人口素质的提高

研究表明，受教育程度对流动人口融入城市有明显的正向促进作用。要促进流动人口的城市融入，特别是新生代流动人口的城市融入，就需要全面提升流动人口的综合素质，将他们培养成为全面发展、具有较高素质的现代城市公民，这是政府、企业、社会和流动人口自身当前面临的重要任务。

一方面，有关部门可以以产业结构转型升级带动流动人口结构的不断优化，大力发展资本密集和知识密集型产业，着力以产业结构调整带动人口规模、素质、结构、布局的优化，吸引更多的高端人才；另一方面，有关部门可采取存量调整的方法迁出部分低端产业链企业。政府可与主要流动人口来源地进行合作开发或其他形式的经济协作，以促使存量调整中游离出来的企业在主要迁入人口来源地安家落户，从而带动部分流动人口回乡就业或创业。

政府和有关行业主管部门，应建立外来流动人口的"入市"教育体系；广泛依托市民学校、社区学校、民工学校和劳动力市场，努力促使外来人口都能接受一次教育，做到"不教育，不上岗"。政府应加大投入，完善服务，创新制度，鼓励兴办各类面向流动人口的职业教育培训机构，对建立"职业学校"、开展"上岗技术"培训的企业给予税收减免；鼓励流动人口尤其是青年农民工通过学习提升学历层次，实现能力提升与自我发展，使流动人口成为城市建设的重要力量。

二、健全流动人口合法权益保障机制

政府要结合自身实践，健全和完善与流动人口的社会融入相适配的法律制度和社会政策，并且要实现执法力度和执法监督同步进行，在全省乃至全国层面推进二元户籍制度的改革，以维护流动人口的基本权益为重点，保障流动人口的相关权益，推进流动人口的社会融入；建立和完善流动人口权益监察体系，逐步通过法制化、制度化、规范化的途径保障流动人口的权益，确保流动人口在劳动力市场享有平等的就业权、劳动保护权等。

有关部门应加快推进流动人口积分制管理，建立并不断优化梯度累进的流动人口公共服务获得机制，让高素质的流动人口留下来，达到既控制人口总量又提

---

① 　熊易寒．整体性治理与农民工子女的社会融入 ［J］．中国行政管理，2012（5）：79-83．

升流动人口素质的目的，从而促进流动人口与社会发展的良性互动。

针对流动人口稳定性增强和家庭化迁移的趋势，有关部门应主动回应社会转型和家庭发展需求，采取有针对性的关于流动人口家庭公共服务的惠民举措。

三、建立有效管理流动人口的基层平台

流动人口的管理工作十分庞大，基层社区是链接流动人口与城市居民的有效纽带。因此，有关部门可将流动人口纳入社区管理体系，消除体制性社会排斥；通过社区将相对集中的流动人口组织起来，使他们积极参与社区的各项公共活动，促进流动人口与所在地社区居民的交往与互助，相互融合。对于流动人口的政治需求，社区（街道）或企业的党、工、团组织和妇联组织应该结合实际情况加大对流动人口的服务力度和服务覆盖面。

四、积极营造有利于流动人口社会融合的良好氛围

一些人对流动人口存在偏见，甚至排挤流动人口。这种行为将打击流动人口融入社会的积极性。因此，相关部门应引导社会风气，提高社会各阶层对流动人口的认可度。

有关部门应发挥新闻媒介的宣传作用，开辟各类栏目、访谈、热线等，让流动人口群体以积极的姿态走进城市公众的视野，建立流动人口与市民交流的平台。只有城市居民真正从心理和情感上认可和接纳了流动人口，流动人口才可能真正融入城市。

第七章 流动儿童的教育融入发展

流动儿童是流动人口中 0～17 岁的儿童，这部分人通常跟随父母从农村地区流入城市。但因户籍地同居住地分离，这些儿童无法在城市中获得与城市儿童等同的受教育机会，导致自身的教育发展受到影响。本章分析了流动儿童在不同阶段的受教育状况，分析了流动儿童的教育隔离问题，最后给出了促进流动儿童教育融入的对策。

第一节 不同阶段的流动儿童教育现状

一、幼儿教育情况

幼儿教育是终身学习的开端，是国民教育体系的重要组成部分。但是，幼儿教育没有纳入义务教育体系，因此这一环节较薄弱。

流动儿童的幼儿教育问题比较严峻。城镇公办幼儿园对非当地户籍儿童设置了较高的入园门槛，使大多数流动儿童家庭望"园"兴叹。而流动儿童家庭无力承担私立幼儿园的高额费用，只能选择把孩子送回老家，或选择收费低廉、资质较差的民办非正规托幼教育机构。根据第六次全国人口普查数据计算，我国 0～5 周岁学龄前流动儿童规模达到 899 万人。[①] 近年来，学龄前流动儿童规模迅速增加，带来大城市入园入托潮，这对我国幼儿教育体系提出了严峻挑战。在一些流动人口高度聚集的城市，入园入托更成为流动儿童的"奢望"。

幼儿教育规划需要有前瞻性，有关部门应提前考虑人口的分布、流动趋势和出生规模。据北京市第六次人口普查统计，2010 年北京市有入园需求的 3～5 周岁儿童达 38 万人，[②] 而当时现有园所能够容纳的儿童数量最多为 20 余万人，[③] 北京市幼儿教育学位缺口约 18 万个。这意味着当前北京适龄幼儿的近一半人被

---

① 段成荣，吕利丹，王宗萍，郭静.我国流动儿童生存和发展：问题与对策——基于 2010 年第六次全国人口普查数据的分析 [J]. 南方人口，2013（4）：44-55，80.

② 北京市第六次全国人口普查领导小组办公室，北京市统计局，国家统计局北京调查总队.北京市 2010 年人口普查资料：乡、镇、街道卷 [M].北京：中国统计出版社，2012.

③ 张燕，李相禹.山寨幼儿园与农民工子女学前教育：对北京市城乡交界处一个区位样本的调查与思考 [J]. 学前教育研究，2010（10）：3-8.

排除在幼儿教育机构之外。尽管北京市政府 2011 年出台政策，提出 3 年增加学位 7.5 万个，① 但是增加的学位数不到缺口的一半，没有北京市户籍、家庭收入较低的流动幼儿将首先被"挤出"幼儿园。

二、义务教育情况

我国《中华人民共和国义务教育法》（简称"《义务教育法》"）规定，我国儿童在正常情况下 6 周岁入学接受并完成义务教育。我们对 6～14 岁流动儿童的入学状况进行了分析，发现 6～11 周岁和 12～14 周岁流动青少年的在校比例分别为 96.4 和 96.2%（见表 7 - 1）。这说明，绝大部分的适龄流动儿童正在学校接受义务教育，流动儿童接受义务教育的情况良好。

表 7 - 1 农村留守儿童受教育状况和学业完成情况（单位：%）

受教育状况和学业完成情况	6～11 周岁	12～14 周岁	15～17 周岁
未上学	2.90	0.30	0.06
在校	96.40	96.20	77.43
毕业	0.53	3.00	21.00
辍学	0.09	0.12	0.50
肄业	0.05	0.32	0.92
其他	0.04	0.05	0.08

资料来源：《中国 2010 年人口普查资料》。

在 6～14 岁流动儿童中，96% 左右的人进入学校接受义务教育，剩下的 4% 的儿童的受教育状况是怎样的呢？根据 2010 年第六次全国人口普查的数据结构特点，我们将 6～14 周岁未按《义务教育法》规定入学接受义务教育的儿童分为以下四种：第一种，小学毕业或肄业就终止学业者；第二种，小学辍学者；第三种，初中辍学者；第四种，未上过学者。如表 7 - 2 所示，6～11 周岁未按规定接受义务教育者占 3.52%，其中未上过学者占 2.9%，小学毕业或肄业就终止学业者占 0.57%，说明在该年龄段未按规定接受义务教育的流动儿童的主体是延迟上学者，其次是小学毕业或肄业就终止学业者。在 12～14 周岁流动青少年中，未按规定接受义务教育者占 1.71%，其中绝大多数人在小学毕业或肄业后就终止了学业，比例达 1.09%。15～17 周岁的流动儿童接受义务教育的情况还有待改善。

---

① 中国法院网. 北京市将在 3 年内新增学位 7.5 万个环节入园难 [EB/OL]. http：//www.chinacourt.org/article/detail/2011/05/id/451965.shtml.

表 7 - 2　流动儿童未按规定接受义务教育情况（单位:%）

		6～11周岁	12～14周岁	15～17周岁
未按规定接受义务教育合计		3.52	1.71	2.41
其中	未上过学	2.90	0.30	0.06
	小学毕业或肄业就终止学业	0.57	1.09	1.58
	小学辍学	0.05	0.17	0.06
	初中辍学	0.00	0.15	0.71
其他教育情况		96.48	98.29	97.59
合计		100.00	100.00	100.00

资料来源:《中国 2010 年人口普查资料》。

　　农业户口的流动儿童和非农业户口的流动儿童中未按规定接受义务教育者的情况表现不同，非农业户口的流动儿童的受教育情况与城镇本地儿童十分接近，且明显好于农业户口流动儿童。如图 7 - 1 所示，图中三条曲线分别表示了 6～17 周岁的农业户口流动儿童、非农业户口流动儿童和城镇非流动儿童中未按规定接受义务教育者的比例。6 周岁农业户口流动儿童中未按规定接受义务教育者的比例较高（超过 10%）。非农业户口的流动儿童与城镇非流动儿童中未按规定接受义务教育者的比例十分相近，都保持在 10% 左右。农业户口流动儿童与非农业户口流动儿童的受教育差距从 11 岁开始分化，而且差距随着年龄增加继续扩大。从 14 岁开始，非农业户口流动儿童和城镇非流动儿童中未按规定接受义务教育者的比例都已经低于 1%，但是农业户口流动儿童中未按规定接受义务教育者的比例保持在 2.5% 以上。

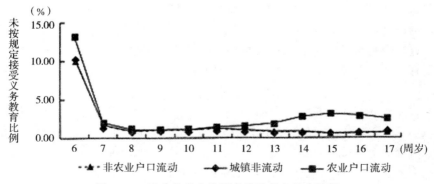

图 7 - 1　流动儿童未按规定接受义务教育情况

资料来源:《中国 2010 年人口普查资料》。

三、高中教育情况

流动青少年接受高中教育的比例偏低，而且存在教育延迟现象。绝大部分15周岁的流动青少年在学校接受教育，在校率达到89％；但16周岁和17周岁流动儿童的受教育机会明显减少，在校人员比例急剧下降，分别下降到81％和69％。16周岁和17周岁流动青少年受教育机会较少，一部分在校者存在学习进程推迟的现象，16岁的在校流动儿童中有15％的人在读初中，17岁的在校流动儿童也有6％的人在读初中。

跨省流动的高中在校流动儿童还面临异地高考问题。结合"六普"资料和其他数据估算，每年有近30万学生面临异地高考问题。异地高考问题的解决关系到所有众多流动儿童和流动家庭的发展，也关系到社会稳定及远期发展大计，有关部门应加以重视。

根据第六次全国人口普查数据，全国0～17周岁流动儿童规模达3581万人，比2005年增加41.37％，且有继续增长的趋势。[①] 全国0～5周岁流动儿童、6～14周岁流动儿童和15～17周岁流动儿童的规模分别是981万人、1472万人和1128万人。在流动儿童中，3～5周岁流动儿童和6～14周流动儿童的性别比明显高于留守儿童；15～17周岁流动儿童的性别比低于留守儿童。这说明3～5周岁和6～14周岁流动儿童中男孩的比例高于同年龄段的留守儿童中男孩的比例；15～17周岁流动儿童中男孩的比例小于同龄的留守儿童中男孩的比例。

大多数流动儿童少年来自农村。在0～17周岁流动儿童中，户口性质为农业户口的流动儿童占80.35％，非农业户口的流动儿童占19.65％。全国0～17周岁流动儿童数量达到2877万人。[②] 近半数流动儿童集中在广东、浙江、江苏、河南、四川、福建和山东。上述七个省份占全国流动儿童比例之和为45.71％，人数之和达1637万人。全国约1/10的儿童是流动儿童。部分地区流动儿童占当地儿童比例很高，上海市每10个儿童中就有4个是流动儿童，北京和浙江每10个儿童中有3个是流动儿童。城镇儿童中流动儿童比例更高，全国城镇中每4个儿童中就有一个是流动儿童。而且，在上海和浙江的城镇中将近一半的儿童是流动儿童。

跨省流动儿童占全部流动儿童的30.11％，省内跨市流动儿童占全部流动儿童的18.8％，市内跨县流动儿童占全部流动儿童的12.83％，县内跨乡流动儿童占全部流动儿童的38.25％。北京、天津、上海的流动儿童主要为跨省流动儿童，其占比超过90％；浙江、广东和新疆的跨省流动儿童的比例也比较高。山

---

① 王汝、杨登峰. 关注留守儿童，流动儿童 [J]. 工会信息，2013（11）：50.

② 段成荣、吕利丹、王宗萍、郭静. 我国流动儿童生产和发展：问题与对策——基于2010年第六次全国人口普查数据的分析 [J]. 南方人口，2013（4）：44-45，80.

西、安徽、江西、河南、湖南、四川和贵州等地的省内流动儿童的比例都在90%以上，而且以县内跨乡流动儿童为主。

远距离的跨省流动儿童主要流动到东部发达地区。广东、浙江、上海、江苏和北京五省市接受的跨省跨市流动儿童最多，上述地区接受的流动儿童占比为63.18%。安徽、河南、四川、湖南和贵州五个省份共输送了50.26%的跨省流动儿童。

流动儿童多在流入地长期居住学习，并不像人们普遍认为的那样是暂时的。流动儿童在户口登记地以外地区流动的平均时间为3.74年。0~14周岁的流动儿童平均外出流动的时间随年龄的增长而延长，15~17岁流动儿童的平均流动时间缩短。0~6周岁流动儿童自出生以来至少有一半时间在现住地居住。

大部分处于义务教育阶段的适龄流动儿童有机会在校学习，但仍然有1.95%适龄流动儿童没有按规定接受义务教育。低年龄的流动儿童存在入学晚的现象，高年龄的流动儿童在完成义务教育前终止学业的情况十分严重。有异地高考需求的流动儿童集中居住在个别省份，其中广东、北京、上海排在前三位，也是异地高考改革的重点地区。[①]

第二节　流动儿童的教育隔离问题分析

改革开放40多年来，我国经济和社会结构发生巨大变化，流动人口举家迁移成为一大社会现象，这带来了我国城乡社会由二元结构格局向"三分天下"的人口格局和三元化的社会利益格局转变，流动儿童随父母流入城市的比例大幅度增加。以前，一些流动儿童因户籍不属于流入城市而无法享受到与流入地儿童同等的教育权利和待遇，这种现状引发了诸多社会问题。从社会资源合理配置的角度看，流动儿童教育问题在于如何更合理和更公平地配置教育资源，这不仅要通过法律法规解决流动儿童的"身份"归属，还要引导社会成员理解和接纳流动儿童，在"同城化"过程中不断推进"同城同待遇"，逐渐消除流动儿童与流入地儿童在教育方面的差别待遇，以实现流动儿童的教育公平。

一、流动儿童本身所存在的教育问题

（一）流动儿童缺少合理的家庭教育

家庭是孩子最初的"学校"，家庭教育是学校教育、社会教育必不可少的补

---

① 人民网. 全国留守流动儿童近1亿北京儿童中3成是流动儿童［EB/OL］. http://edu.people.com.cn/n/2013/0510/c1053-21431638.html.

充和完善。流动儿童的父母大多是工人或小商贩，因忙于生计，与孩子沟通少、交流少，无法关注子女各方面的发展情况。流动儿童的父母大多重养轻教，平时只注重满足孩子物质上的需求，对孩子精神上的需求关注很少，也不具备科学的家庭教育知识。流动儿童的监护人文化水平普遍偏低，教育子女的方法简单粗暴，缺乏辅导孩子学习的能力，教育引导往往不得法；当孩子在学习上遇到困难时无法给予有效的帮助，致使流动儿童的学习得不到有效的督促和引导。流动儿童在学习方面出现困难时，一般不向家人求助。真正能够和子女谈心交流的父母较少，这导致流动儿童家庭教育缺失。

（二）流动儿童存在严重的成绩分化特征

流动儿童的学习成绩两极分化现象较严重，少部分流动儿童能正确认识自己所处的学习和生活环境，有端正的学习态度和良好的学习习惯，能独立自主地解决问题，遇到困难能虚心向老师和同学求助，学习成绩优良；但绝大多数流动儿童学习不刻苦，上进心不强，学习主动性和自觉性较差，自信心不足，缺乏良好的学习习惯，学习成绩欠佳，厌学、逃学、辍学等现象较普遍。而且，流动儿童随父母的流动经常转学，受各地课程设置、教学质量及升学制度影响，部分流动儿童难以适应城市教育，跟不上学习进度，对新环境缺乏安全感，学习成绩受到影响，有的人只能成为留级生。

流动儿童在"流出"（跟随父母到城市上学）的过程中，存在学习间断问题，间断时间为几天到几个月甚至半年以上。虽然大部分家长在带孩子到城市前就为孩子选好了学校，但有些孩子出于某些原因匆忙跟随父母到达城市后，会辍学一段时间。还有一部分"回流"学生回到家乡后不能及时到学校办理入学手续。

（三）较差的卫生习惯影响流动儿童身体健康

良好的卫生状况和习惯是保证儿童身体正常发育和成长的关键因素。但是，流动儿童在这方面的情况并不是很乐观，存在不同程度的卫生状况下降、卫生习惯变差的问题。流动儿童父母忙于生计，无暇照顾子女，加上居住环境恶劣，致使一些流动儿童卫生状况差且习惯不好。由于流动儿童的卫生习惯差，他们容易感染疾病，健康状况较差。受经济困难和观念落后等因素的影响，生活在城市中的流动儿童的营养健康、卫生保健问题日益突出。这一问题严重威胁着流动人口的健康，也影响流入地的经济发展和社会稳定。由于家庭经济条件较差，许多流动儿童仅是吃饱，根本谈不上全面、均衡的营养，其父母也缺乏合理搭配食物的意识。

二、流动儿童教育隔离现象产生的原因

（一）流动家庭缺乏足够的家庭教育意识

家庭教育是伴随孩子一生的教育，家庭教育直接影响孩子的行为、心理健康、人格与智力发展。0～6岁是人行为习惯、性格形成的关键期。在这个时期若父母外出务工，错过对孩子进行教育的黄金期，则将对孩子影响极大。有的父母平时与子女缺少沟通，疏于管教，造成亲情淡漠，孩子缺乏安全感；有的父母教育方法不当，存在用钱补偿感情的心理，认为孩子有吃有穿有玩就行了，只在物质上满足，事实上是孩子学习、成长的旁观者；有的父母主要在生活上照顾孩子，因知识、能力有限承担不了培养孩子品德、辅导孩子学习等任务，使家庭道德教育处于真空状态。

（二）学校没有给予流动儿童合理的教育措施

进城务工人员寄希望于学校教育，而学校教学任务重、学生多，且学生数量呈增长趋势，教师心有余而力不足，难以顾及所有流动儿童，很难为流动儿童提供个性化、有针对性的教育，在学习上、生活上难以给予流动儿童更多的关心和爱护。流动儿童属于特殊群体，有的学校里流动儿童人数较少，没引起学校负责人的重视，有的学校里流动儿童人数较多，但学校管理上缺乏有效的措施。

（三）社会资源误导了流动儿童的发展

一些影视作品、书刊等为了追逐市场卖点，渗入不少庸俗、低劣、暴力、色情等腐蚀内容，这对缺少亲情关爱、缺乏判断力的部分流动儿童具有腐蚀性和诱惑力，使一些流动儿童沉迷其中不能自拔。

（四）社会对流动儿童缺乏有效的行政管理体制

公共教育资源相对城市人口规模的不断扩大严重不足，教育收费过高使流动儿童面临上学难、上不起学的境地，教育隔离现象比较严重。

三、推进流动儿童教育公平的相关策略

（一）改善对流动儿童的社会舆论环境

社会舆论对流动儿童的影响很大，政府应通过宣传、教育等方式为进城农民工创造良好的舆论环境和生活环境，巩固农民工在城市社会中的地位。

此外，有关部门应采取多种形式加强进城农民工与城市居民之间的沟通，改善两者之间的人际关系。同时，公共媒体和舆论应通过积极的文化宣传，引导城市居民正确看待农民工，消除城市居民对农民工的偏见与歧视。企业和社区等在开展城市文化娱乐活动时，应积极发动和组织农民工参与，使农民工与城市居民在活动中增进理解与认同。对于流动人口中自强不息、艰苦奋斗的典型事例，有

关部门要有组织、有计划、有步骤地通过报纸、广播、电视等加以宣传，这样有利于提高社会对农民工的认识。

（二）积极开办民工子弟学校

有关部门要一分为二地看待民工子弟学校。一方面，对于那些教学质量有保障、办学相对规范的民工子弟学校，政府和教育部门应给予积极的扶持，促使其不断改善办学条件；而对于那些教学质量偏低、办学条件较差、安全隐患大的学校，尤其对那些非法开办的民工子弟学校，应及时撤销、取缔。但在撤销、取缔的同时，有关部门应做好疏导工作，对学生进行合理分流。另一方面，民工子弟学校需改变各自为政的状况，应在教育部门的指导下，合理整合教学资源，适当进行兼并、合并，扩大办学资源和办学优势。对于民工子弟学校，无论是"扶持、取缔"还是"合并、兼并"，最终的目标都是为流动儿童创设更好的就学条件，切实保障他们接受义务教育的权利。有关部门还应积极鼓励社会力量开办民工子弟学校，把民工子弟学校纳入正常的义务教育管理体系，给予民工子弟学校实际的支持与帮助，如在土地使用方面给予民工子弟学校政策优惠，在师资培训、教学设施、招生考试等方面予以理论指导。

第三节　促进流动儿童教育融入的对策

教育是提高人民综合素质、促进人的全面发展的重要途径，是民族振兴、社会进步的重要基石，是对中华民族伟大复兴具有决定性意义的事业。习近平总书记在党的十九大报告中强调建设教育强国是中华民族伟大复兴的基础工程，并围绕"优先发展教育事业"做出全面的部署，提出努力让每个孩子都能享有公平而有质量的教育。流动儿童的教育是我国教育事业的重要组成部分，涉及我国在推进新型城镇化进程中社会治理和公共服务体制的完善，社会保障、外来人口与本地居民教育资源的配置，以及户籍制度的改革等诸多方面，必须在落实优先发展教育事业战略中，切实搞好流动儿童的教育，提升流动儿童受教育的水平，为决胜全面建成小康社会，开启全面建设社会主义现代化国家新征程打下坚实牢靠的教育基础。

一、做好流动儿童教育的"民心工程"

习近平总书记指出，未成年人的成长成才，是涉及千万家庭的"民心工程"，父母亲千辛万苦外出打工，很大程度上也是为了子女成人成才。[①] 第六次全国人

---

①　习近平. 干在实处 走在前列：推进浙江新发展的思考与实践［M］. 北京：中共中央党校出版社，2018.

口普查数据显示，0～17 岁流动儿童人数达到 3581 万，已经占城市儿童总人数的四分之一、全国儿童总人数的八分之一。当下流动儿童的义务教育仍面临一些问题，不少随迁流动儿童在民工子弟学校就学。与城市公办学校相比，民工子弟学校的硬件和软件配置都相差甚远，其教学质量难以得到保障。目前有四成的学龄前流动儿童在流入地未入读幼儿园，与城市儿童差距较大。高中阶段的流动儿童异地参加高考问题十分严峻，普遍存在离校早、就业早的问题。流动儿童在义务教育结束后，往往只能回户籍地上普通高中，一些孩子为了应对中考，在初中阶段就不得不回老家上学。随着流动人口家庭化趋势的不断加深，更多的子女来到父母身边，在流入地就学，流动儿童的数量还在不断增长。而户籍制度及衍生的教育制度在很大程度上限制了流动儿童平等接受教育的权利和机会，流动儿童在城市中处于弱势地位，他们的受教育状况低于全国平均水平，成为各级政府亟待解决的重大问题。

教育是极为重要的人力资本投资，应努力让每个孩子享有受教育的机会，努力让 13 亿人民享有更好更公平的教育，获得发展自身、奉献社会、造福人民的能力。流动儿童获得同等的教育是社会公平的重要体现，做好流动儿童教育工作是实现教育公平、促进社会公正的必然要求。流动儿童的教育问题直接关系到流动劳动力整体素质提高，关系到流动人口家庭的发展。研究发现，流动儿童受教育水平的提升能显著改善流动人口的社会融合状况。做好流动儿童教育工作，可以有效提升流动人口家庭成员的受教育水平，有利于提升流动人口家庭的人力资本，从而有效提升流动人口家庭在城市发展、融入城市的能力，推动流动人口家庭在流入地实现经济立足，进而有助于促进其社会接纳、政治参与及身份认同、文化融入。有关部门要坚持以人民为中心，把流动儿童教育工作作为推进教育公平、促进社会公正的重要环节，补齐流动儿童教育民生短板，加强对流动人口家庭化现状及其发展趋势的研判，根据进城流动儿童流入的数量、分布和变化趋势等情况，切实把流动儿童纳入城市公共教育发展规划和基本教育公共服务范围统筹，做好教育发展规划和教育服务资源的合理配置，切实保障流动儿童平等享有受教育权利。

二、提升流动儿童义务教育质量和水平

习近平总书记指出，义务教育一定要搞好，让孩子们受到好的教育。[①]《2015 年全国教育事业发展统计公报》数据显示，2015 年全国义务教育阶段在校生中，流动儿童共 1367.10 万人。自 2003 年《国务院办公厅关于做好农民进城务工就业管理和服务工作的通知》明确提出"要保障农民工子女接受义务教育的

①　人民网. 习近平论扶贫工作——十八大以来重要论述摘编 [EB/OL]. http：//theory. people. com. cn/n/2015/1201/c83855-27877446. html，2015-12-01.

权利"以来，各地有关部门对流动儿童教育问题的认识不断深入，将做好流动儿童的义务教育工作提到了新的高度，在流动儿童教育工作上取得了显著成效。虽然流动儿童义务教育已经基本得到保障，但义务教育质量和水平都需要进一步提升，流动儿童义务教育仍然是一项十分繁重的工作任务。

要切实落实以输入地政府管理为主、以全日制公办中小学为主的"双为主"方针，确保进城流动儿童平等接受义务教育。完善义务教育优质资源分配和共享机制，增强流动儿童平等享受优质义务教育的机会。有关部门应研究建立以居住证为主要依据的流动儿童入学政策，切实简化优化流动儿童入学流程和证明要求，提供便民服务。公办义务教育学校要普遍对流动儿童开放，按照相对就近入学的原则统筹安排流动儿童在公办学校就读，提高流动儿童公办学校入学在学率，在评优奖励、入队入团、课外活动等方面，学校要做到对流动儿童与城市学生一视同仁，使流动儿童与城镇居民同城同待遇。学校可以实行流动儿童与城镇户籍学生混合编班和统一管理，促进流动儿童融入学校和城市生活。政府发挥民办教育机构等社会力量在进城流动儿童接受义务教育中的作用，建立完善流动儿童小学入学通知制度和辍学报告制度，加强《中华人民共和国义务教育法》落实情况的执法检查，确保流动儿童完整地接受义务教育。

三、逐步完善流动儿童接受普惠性学前教育的政策

与义务教育阶段的政策相比，我国政府出台的有关流动儿童学前教育的政策不仅数量少，而且相关政策出台的时间也更晚。《国家中长期教育改革和发展规划纲要（2010—2020年）》提出"普及学前教育"的目标，规模庞大的学前流动儿童群体在流入地能否进入幼儿园接受学前教育直接关系到这一目标能否实现。相关政策措施尚未得到具体落实，加上公办幼儿园萎缩、民办幼儿园良莠不齐、户籍限制、部分私立托儿机构的费用很高等原因，流动儿童面临"入园难""入园贵"问题。相对于高入学率的义务教育，学龄前流动儿童的入园率十分低，有四成学龄前流动儿童散养在家。

城镇幼儿园建设要充分考虑流动儿童接受学前教育的需求，积极创造条件满足流动儿童的学前教育需求，努力解决流动儿童入园问题。有关部门应普及流动儿童学前教育覆盖率，大力发展公办幼儿园，提供"广覆盖、保基本"的学前教育公共服务，指导和帮助幼儿园提高教育质量，加大支持力度，确保低收入家庭的流动儿童享有接受幼儿教育的机会。

四、解决好流动儿童参加中考和高考的问题

我国不同城市在流动儿童的数量、经济社会发展水平、产业结构布局和教育资源承载能力等方面存在较大差异，在流动儿童就地参加中考和高考门槛限制方

面也不同。总体来看，目前流动儿童异地中考和高考的政策呈现明显的省级差异，尤其对流动儿童异地高考仍存在诸多限制。在异地中考方面，流动儿童异地中考的学校类型以"全面放开"为主，但在经济发达、人口流入量大、优质教育资源丰富的超大城市，流动儿童参加中考的门槛相对较高。部分流动儿童因不能顺利参加高考，提前进入社会，容易成为"问题少年"，这一现象成为社会关注的焦点。

在流动人口家庭化趋势下，将会有越来越多的流动儿童面临异地中考和高考的问题，该问题的解决关系到流动儿童的未来发展，关系到流入地的经济发展和社会稳定。有关部门要切实落实《国家中长期教育改革和发展规划纲要（2010—2020）》提出的进一步完善流动儿童就学和在流入地升学考试的政策措施要求，根据城市功能定位、产业结构布局、城市资源承载能力和自身发展情况，降低流动儿童异地中考、异地高考的准入门槛，确保流动儿童接受义务教育后能在流入地顺利参加中考和高考。

第八章　流动人口参与社区治理

流动人口带来的问题已经成为影响推进新型城镇化、新时代创新社会治理的重大课题。有关部门应进一步探索流动人口参与社区治理的有效路径，通过吸收流动人口共同参与社区治理，实现社区治理的善治与社会和谐的目标。本章分析了困扰流动人口参与社区治理的相关因素，同时对解决流动人口参与社区治理方面的困难提出相应的策略。

第一节　流动人口参与社区治理的困境分析

有效解决流动人口参与社区治理的问题，能使规模庞大的流动人口群体享受更好的公共服务，化解基层矛盾，提升治理绩效，为社会治理提供持续动力。这是营造共建共治共享的社会治理格局的重要检验标准，是具有全局性和现实紧迫性的问题。

一、流动人口与社区治理的概念

（一）流动人口的概念

流动人口，从广义上讲，是跨越一定的地域范围但不改变常住户口的各类移动人口；从狭义上讲，是指离开户籍所在地，以工作、生活为目的的异地居住的人员。[①] 当前我国流动人口规模迅速扩大，流动人口的流向、结构等也逐步发生转变，呈现出以下鲜明特征：

第一，流动人口主要由两部分组成：一部分是"种田无地、就业无岗、社保无份"的三无游民，他们多分布在城乡接合部或"城中村"，没有稳定的工作，不种地、不返乡；另一部分是新生代农民工及农民工随迁子女，新生代农民工已占流动人口的 64.7%，其中一部分人在城市长大，渴望在城市扎根，成为新市民，"半市民化"使得数量日益庞大的新生代农民工成为游离体制之外的边缘群体。

第二，流动人口主要以农村年轻劳动力为主。流动人口的平均年龄约为

---

① 肖子华.促进流动人口社会融合的战略思路［J］.中国领导科学，2018（2）：54-59.

29.8 岁，改革开放 40 多年来，我国流动人口中劳动年龄人口占比不断增加，16~59 岁的人口比重从 1982 年的 53.3% 增加至 2015 年的 84.1%。流动人口年龄结构呈现年轻化特征，新生代流动人口逐渐替代了老一代流动人口，成为产业工人的中坚力量和新市民的主体。

第三，流动人口主要从农村流向城市，从小城市流向大城市，从中部、西部内陆地区流向东部沿海地区。1978~2017 年，我国城镇常住人口从 1.7 亿人快速增长至 8.1 亿人，城镇人口增长 6.4 亿人，城市化率从 17.9% 提升至 58.5%。[1] 这深刻改变了我国经济社会格局，推动了我国由传统乡土社会向现代城市社会的转变。东部沿海地区对流动人口的吸引力最大，自 1990 年以来，东部沿海地区的流动人口数量快速上升，其占比从 58.5% 增加至 2015 年的 78.2%，人口的流动加快了城乡之间的文化互通和交流。[2]

（二）社区治理的概念

社区是指聚居在一定地域范围内的人们所组成的社会生活共同体。社区的基本要素包括基于共同的利益和需求而持续不断交往的人群、一定的地域、社区文化认同等。社区是社会的基本组织单元，是人民群众安居乐业的家园，是创新社会治理的基础性平台，是巩固党的执政基础的重要基石。[3]

社区治理是社区成员的共同行为，是在社区范围内依托多元主体对社区事务进行治理。其核心含义有以下几个方面：一是多元化治理主体，社区治理的主体除政府外，还有社区组织、居民及辖区单位、营利性组织、非营利性组织等，各主体之间建立起多种多样的协作关系，共同协商和协调社区公共事务；二是多维度治理方式，社区治理是一个多维度上下合作的运作过程，强调通过横向联合、纵向互动构成合作网络对社区公共事务进行管理；三是多重的治理目标，社区治理的目标不仅是为社区居民提供公共产品和公共服务，还包括精神价值层面的社区归属感、认同感和荣誉感；[4] 四是多样化的治理内容，社区治理内容涉及社区的方方面面，包括社区环境、社区文化、社区治安、社区保障等。

二、流动人口参与社区治理存在的困境

流动人口参与社区治理是指流动人口本着公共精神参与社区事务，从而推动社区建设和流动人口自身的全面发展。城市化的发展与和谐社区的构建都要求流动人口享有参与社区治理的民主政治权利，使"优者有其荣"，让流动人口的物

---

①　王培安. 把握新时代人口流动趋势　推动流动人口研究繁荣发展 [J]. 人口研究，2019 (2)：3-5.

②　段成荣，谢东虹，吕利丹. 中国人口的迁移转变 [J]. 人口研究，2019 (2)：12-20.

③　汤晋苏. 开创新时代城乡社区治理新格局 [J]. 社会治理，2018 (9)：36-40.

④　鲁翠花. 城市化进程中的转型社区治理：以南京市兴卫村社区为例 [J]. 江苏城市规划，2012 (11)：40-43.

质生活水平有所提高，让流动人口的民主政治参与程度和社会政治地位也不断提高。近年来，流动人口参与社区治理这一措施取得了巨大成就，但还面临着很多困境。

（一）存在"城乡二元社区"壁垒

"城乡二元社区"是流动人口参与社区治理的制度性障碍。现行的社区体制将所有的社区分为城市社区和农村社区，户籍制度是城乡各社区治理的基础，市场经济的发展带来了迁移越来越频繁、规模越来越大的流动人口，这就导致各个社区都有大量无当地户籍的流动人口居住。一些城市还出现了流动人口与户籍人口的数量倒挂，打破了原来的社会人口结构，给原居民群体带来了不适应感和不安全感。社区是本地居民和流动人口共同居住和相互交往的场所，由于我国长期以来实行城乡二元分割的制度体系，流动人口和本地居民被区分开来，两者之间未能形成一种非制度化的、具有情感支持取向的互动关系和支撑网络。这影响了经济社会协调发展和城镇化进程。一些流动人口与本地居民虽同处一个社区生活，但在社会交往和心理意识上是疏远的，这导致流动人口对城市普遍缺乏归属感和认同感。归属感和认同感是社会融入的最高层次，缺乏社会归属感和认同感就意味着情感上的隔离，不利于流动人口参与社区治理。

（二）流动人口缺乏参与社区治理的动力和能力

流动人口参与社区治理的主体意识薄弱，参与意愿不足，参与能力不强，疏离社会和缺乏社会认同是流动人口难以参与社区治理的主要原因。流动人口参与社区治理既需要良好的制度环境，又需要具备"想参与"的动力和"能参与"的能力。首先，流动人口缺乏参与社区治理的动机和热情。流动人口在进入城市以后面临着对职业、生活方式、社会交往等一系列情况的转变和适应，对公共性事务参与率不高、参与度不深、参与意愿不强烈。交际圈子比较封闭等状况使得他们认为社区的发展与自身发展关联不大，"旁观"心理和"过客"心态大量存在，导致流动人口的参与积极性不高，社区治理对流动人口失去吸引力和效能。这降低了政府的行政效率，增加了社区治理的难度。其次，流动人口自身的综合素质、参与能力是其能否参与社区治理的关键因素。社区治理的参与是一门艺术，公共事务的协商、决策、监督都需要相应的规则和技巧，大部分流动人口来自经济社会发展较落后的地区，受教育程度不高，缺乏对社区治理相关规章制度和政策的了解及必要的法治意识和社区自治知识等，因此一些流动人口没有参与社区治理的能力。最后，流动人口素质提升缺乏通道。由于社区教育的缺失，流动人口缺乏提升自身素质、改变自身生活方式和重构社区关系网络的渠道，这严重影响了流动人口对城市社区的认同感和归属感。

（三）没有给予流动人口参与社区治理的足够空间

当下经济社会快速转型，流动人口的流动趋势已经由"城市乡村钟摆式"向

"城市定居式"转变，流动人口在流入地长期定居的愿望强烈，落脚于城市社区的流动人口使得社区人口的结构复杂化，利益诉求多元化。流动人口对社会融入、政治参与等精神文化需求十分迫切，但是作为流动人口参与社区治理载体的社区民间组织数量少，且发育不成熟，功能结构单一，加上社区文化建设不足等问题，流动人口参与社区治理的空间较为有限，参与渠道不丰富、不完善，缺少制度化、常态化、信息化的参与平台，增加了社区治理的难度。同时，流动人口参与社区治理的广度和深度非常有限，这不仅影响社区治理，也不利于流动人口的社会融合，且容易诱发社会矛盾。

第二节 流动人口参与社区治理的路径与方法

一、打破"城乡二元社区"壁垒

城乡经济社会二元结构是我国的基本国情，统筹城乡发展、消除城乡二元结构是弘扬社会公平正义、实现国家治理现代化战略的重要组成部分。构建与自由迁徙目标相适应的户籍制度是现代化人口管理的核心，更是基础性的制度建设。一是要深入推进户籍制度改革，消除阻碍劳动力流动的制度壁垒，加快完善落户政策和农村土地政策，促进流动人口入城市，切实解决流动人口落户意愿与现实政策之间的矛盾。二是深入推进城乡一体化发展，实现流动人口市民化和基本公共服务均等化，加大对流动人口公共教育的投入，完善城市综合配套设施，切实保障流动人口和城市原居民的平等参与权，消除城乡隔阂，打破歧视壁垒。三是要加强流动人口参与社区治理的法治保障建设，修改完善居委会组织法等法律法规，在法律层面明确流动人口的社区治理主体地位，理清流动人口参与社区治理的权利和义务，制定流动人口参与社区治理的详细内容框架，设计流动人口参与社区治理的程序，制定包括异地选举在内的参与权等权利的实现办法，确保流动人口参与社区治理的制度化、规范化和法治化。

二、增强流动人口参与社区治理的动力和能力

利益是流动人口参与社区治理的原动力，因此，要把流动人口的利益和社区利益有机结合起来，构建社区治理共同体，激发流动人口参与社区治理的内生动力。一是培养流动人口参与社区治理的意识。积极引导流动人口进行心理调适，适应流入地环境，自愿融入社区；培育流动人口积极乐观的心理，帮助流动人口转变狭隘的地域性观念，克服其封闭、内向等消极因素，增强自我存在感、城市主人翁和社区治理主体意识，提升流动人口对社区的认同感和归属感。二是政府

和社区需敞开接纳的大门，要积极落实解决流动人口参与权，保障流动人口共享社区福利，正确引导流动人口的利益诉求，大力宣传流动人口参与社区治理的典型并多渠道解读社区治理的政策和文件；鼓励流动人口积极参与社区治理，让流动人口意识到社区是一个社会生活共同体，使其具有共建、共治、共享的市民精神，形成"社区是我家、联系你我他""社区是我家，治理靠大家"的良好氛围，从而提升流动人口参与社区治理的效能感。三是提升流动人口参与社区治理的素质和能力。充分利用社区内教育资源，依托社区内建立的工会、共青团、妇联等基层组织，加大对流动人口培训的力度，开设内容灵活多样、符合流动人口需求的劳动技能、法律常识、文化科学常识、社区自治等教育课程，培训方式采取寓教于乐、课堂教育和课外教育相结合的方式，并建立相应的激励机制，积极鼓励社区流动人口参与社区教育，着力提高流动人口的自身素质，促进流动人口理性、有序地参与社区治理。

三、开拓流动人口在社区治理中的参与空间

流动人口参与社区治理能进一步推进社区治理体制机制创新，因此有关部门应充分利用现代信息技术手段完善社区治理和服务的方式，建立全国一盘棋的社区治理工作机制，利用大数据、互联网等手段打造社区治理综合性服务平台，加强社区组织管理体制改革和建设，挖掘社区内生性资源，建立完善流动人口参与社区治理的体制机制。具体而言，一是赋予流动人口组织参与权利。流动人口可以在流入地入党和接转组织关系，也可以加入流入地的群团组织和社会组织。流动人口可以作为选举人和被选举人参加各级党代表、人大代表、政协委员等职务的推荐、选举。二是建立完善的社区民情反馈机制，完善社区决策听取流动人口意见的制度。增强流动人口参与社区治理的意识，通过开展各种社区活动来提升流动人口的政治参与热情、归属感和认同感，充分发挥流动人口参与社区治理的主体作用，促进对流动人口的社会包容，发挥流动人口中的精英在社区治理中反映民需、提供民智的作用，以流动人口的精英带动流动人口参与社区治理的热情，保证社区治理人人参与、人人尽力。三是健全流动人口利益代表机制。合理设置社区议事机构中流动人口代表比例，构建流动人口事务性参与、决策性参与和政治性参与的多层次参与结构。四是建立利益关联驱动机制。让流动人口意识到社区治理和他们的利益息息相关，对于主动参与配合社区治理工作的流动人口，在社区管理服务方面给予一定的政策倾斜或者是物质奖励，例如免除和减少专业化服务费用。五是建立社会心理推动机制。对于积极主动参与社区治理的流动人口，要树立典范，大力宣传，充分发挥他们在流动人口中的模范带头作用并在心理上形成引导，使流动人口参与社区治理形成一种共识和政治认同。

四、对流动人口参与社区治理方式进行创新

　　要不断创新流动人口参与社区治理的方式，充分整合社会多元力量，通过多元化主体和多种参与方式更好地满足流动人口参与社区治理的需求。一是完善社区经费保障机制，健全多元化投入机制。加大经费投入是流动人口参与社区治理的基本保障，坚持从实际出发、合理充足的原则，有关部门应将社区基础设施、办公经费、信息化网络建设等社区专项经费纳入政府财政预算，并积极探索政府、社会、企业共同参与的社区治理投入机制。二是建立流动人口参与社区治理的民主协商机制，构建流动人口参与社区治理的协商平台、流动人口社区评议等协商对话渠道，制定完备的协商程序和详细的协商内容，严格执行协商结果，通过协商取得流动人口参与社区治理的最大公约数。三是积极倡导参与式社区服务项目，以项目运作为载体，发动流动人口全程参与，鼓励通过建立流动人口互助协会等方式，整合社区各类资源，挖掘服务资源，实现流动人口与户籍人口"同服务、同教育、同管理、同参与、同发展、同提高"。四是鼓励引导社会组织参与流动人口社区治理，实现多主体参与合作共治。要依靠社区、社会组织、社区志愿者和当地居民的共同努力，促进流动人口从情感和生活上真正融入社区、融入城市。发挥专业社会组织在流动人口社会融入中的组织化、专业化、职业化与社会化优势，培养流动人口参与社区治理的意识和热情，弥补政府和现有社会组织难以满足不同流动人口群体多样化服务需求缺陷，促进流动人口和当地居民的交流和融合。

后　记

随着社会经济的发展，大规模的人口流动在一定程度上推动了城市化的发展，促进了城市经济的进步。但与此同时，流动人口离开户籍地到城市生活，引发了某些矛盾和问题。不能同城市人口获得同等的公共服务是流动人口不能完全融入城市的原因之一，这会影响城市社会的持续进步，还延缓了我国向现代化社会转型的步伐。

党的十八大、十九大都对推进城镇化、加快流动人口融合做了重要论述，并将"农业转移人口市民化"作为城市化建设的重要任务，使大规模的流动人口获得了合法权利，以便更好地为城市发展做出应有贡献。

受到党的十八大、十九大对加快流动人口社会融合的理论的指导，我们在中国特色社会主义思想引导下，积极探索流动人口融入城市的理论与实践，通过分析流动人口在就业、保险、教育等方面所存在的问题，寻找合理的解决策略，使流动人口能够获得合法权益，保证城乡劳动者的平等，以更好地推进流动人口融入城市，进而加快城市化的步伐。

在创作本书的过程中，作者汲取了大量前人的成果和经验，同时拜访了诸多相关领域的专家。在此，对前人的成果表示诚挚的敬意，并且深深感谢给予作者支持的专家、领导、同事、亲友等。只有不断地努力，才能让汗水浇灌的智慧花朵结出果实，希望作者的辛勤付出能够为研究中国流动人口的城市融入的同行提供参考，希望本书能发挥应有的价值。

参考文献

[1] 梁海艳. 中国流动人口之矛盾：空间集聚与生活隔离 [M]. 北京：经济管理出版社，2018.

[2] 侯建明. 中国流动人口经济融入问题研究 [M]. 北京：社会科学文献出版社，2018.

[3] 秦立建. 人口流动、社会保障与务工收入研究 [M]. 北京：经济科学出版社，2018.

[4] 徐水源. 社会融合：新时代中国流动人口发展之路 [M]. 北京：人民出版社，2019.

[5] 杨菊华等. 中国流动人口的城市逐梦 [M]. 北京：经济科学出版社，2018.

[6] 彭宇，高颖. 流动人口社会融合状况的城际差异与影响分析 [M]. 北京：经济科学出版社，2017.

[7] 肖子华. 中国城市流动人口社会融合评估报告 [M]. 北京：社会科学文献出版社，2019.

[8] 郑冰岛. 冲突与融合：社会转型中的人口流动 [M]. 上海：上海书店出版社，2018.

[9] 肖子华，徐水源. 人口流动与社会融合：理论、指标与方法 [M]. 北京：社会科学文献出版社，2018.

[10] 梁海艳. 中国流动人口生存与发展状况研究 [M]. 北京：经济管理出版社，2018.

[11] 田艳芳，王瑾，张苹. 流动人口随迁子女交往融入的影响因素研究：基于上海两区的调查 [J]. 杭州师范大学学报（社会科学版），2020（1）：117-128.

[12] 龚云平. 农民工的社会融入及其健康效应探究 [J]. 农业经济，2019（12）：52-53.

[13] 邹林杰. 文化冲突视角下流动人口社会融入的分析 [J]. 现代营销（经营版），2019（9）：48-49.

[14] 刘晓宁，李明军. 城市流动儿童社会融入内涵结构及其影响因素研究综述 [J]. 新西部，2019（20）：25-27.

[15] 姚乐. 城中村流动人口社会融入研究 [J]. 轻工科技，2019（06）：138-139.

[16] 张园林，刘玉亭，陈妙蓉. 子女随迁的乡—城流动人口家庭社会融入：以

浙江金华市区为例 [J]. 热带地理，2019（1）69-80.

[17] 刘香逸. 对北京地区青年流动人口特点的探究 [J]. 智库时代，2018（48）：179-181.

[18] 陈挺，胡凤霞. 就业性质与流动人口社会融合差异研究 [J]. 当代经济，2019（7）：152-155.

[19] 谢鹏鑫，岑炫霏. 子女随迁对女性流动人口就业的影响研究 [J]. 中国人力资源开发，2019（7）：106-120.

[20] 张丽洁，梁雨萩，孙晨琛，陈梦千. 我国流动人口落户意愿的影响因素分析 [J]. 科技经济导刊，2019（18）：210-211.

[21] 张楠. 我国流动人口社会保障现状及对策建议 [J]. 智库时代，2019（47）：1-2.

[22] 梁海艳. 中国流动人口就业质量及其影响因素研究：基于 2016 年全国流动人口动态监测调查数据的分析 [J]. 人口与发展，2019（4）：44-52.

[23] 曹东育. 农村流动人口社会保险参与的现状与对策 [J]. 东西南北，2019（14）：91.

[24] 杨发萍，林晓兰. 家庭迁移对城际流动人口养老保险参与的影响研究：基于 2016 年全国流动人口动态监测数据的实证分析 [J]. 西北人口，2019（4）：23-34.

[25] 刘立光，王金营. 流动人口城市长期居留意愿的理想选择：基于非线性分层模型的实证研究 [J]. 人口学刊，2019（3）：100-112.

[26] 诸萍. 流动人口社会融合现状及对策研究：以浙江省嘉兴市为例 [J]. 南都学坛，2018（3）：99-106.

[27] 蔡亚平. 当前流动儿童融入存在的问题与对策 [J]. 教育导刊，2017（5）：32-36.

[28] 于海波，陈留定. 美国流动儿童教育融入问题的解决路径及启示 [J]. 社会科学战线，2019（8）：234-242.

[29] 高斌，郭鸿炜. 流动人口参与社区治理的困境分析与对策建议 [J]. 宁夏党校学报，2019（5）：100-104.

[30] 徐水源. 推进新时代流动人口社会融合：学习贯彻习近平总书记关于流动人口社会融合的重要论述 [J]. 人口与健康，2019（12）：43-47.

[30] 徐水源. 推动新时代流动人口社会融合 [J]. 民生周刊，2019（12）：68-70.

[31] 冯志坚，莫旋. 养老保险对乡城流动人口劳动供给的影响：基于内生转换回归模型的分析 [J]. 人口与经济，2019（4）：14-29.

[32] 丁胡凤. 农村流动儿童教育：现状、问题和对策 [J]. 科普童话，2016（45）：22.

[33] 任焰，周贤琴. "不学习"亚文化：流动儿童的教育隔离与主题再生产 [J]. 青年探索，2019（2）：87-99.